国家科学思想库

科学文化系列

科学与人生
中国科学院院士传记

马大猷传

张家骅／著

科学出版社

北京

图书在版编目（CIP）数据

马大猷传/张家骠著. —北京：科学出版社，2013.
（科学与人生：中国科学院院士传记）
ISBN 978-7-03-037899-6
I. ①马… II. ①张… III. ①马大猷（1915～2012）—传记 IV. ①K826.11
中国版本图书馆CIP数据核字（2013）第133906号

丛书策划：胡升华　侯俊琳／责任编辑：侯俊琳　李　奂　程　凤
责任校对：彭　涛／责任印制：吴兆东／封面设计：黄华斌　陈　敬

科 学 出 版 社 出版
北京东黄城根北街16号
邮政编码：100717
http://www.sciencep.com

北京厚诚则铭印刷科技有限公司印刷
科学出版社发行　各地新华书店经销
*

2013年7月第　一　版　开本：B5（720×1000）
2024年3月第七次印刷　印张：12 3/4　插页：6
字数：237 000

定价：**78.00 元**
（如有印装质量问题，我社负责调换）

马大猷院士（1915~2012）

马大猷，祖籍广东潮阳，声学家、物理学家、无线电专家、教育家，中国科学院院士，中国现代声学的奠基人，中国声学学会荣誉理事长、美国声学学会荣誉会士；曾任国立西南联合大学教授、北京大学工学院院长、中国科学院数理学部副主任、中国科学院研究生院副院长、中国科学院声学研究所副所长和国际声学委员会委员。

马大猷在科学和教育两个领域多有建树，他在留学美国期间就成为房间声学简正波理论的奠基人之一，25岁成为国立西南联合大学的副教授（两年后升为教授），31岁就任北京大学工学院院长。在"向科学进军"的征程中，他提出了中国现代声学的发展规划，并创建了综合声学实验室，为中国现代声学发展打下基础。他成功解决了世界最大礼堂人民大会堂的音质问题。他创建的微穿孔板吸声体理论为导弹发射竖井的噪声控制作出了贡献，后来还被成功地应用于德国波恩联邦议会大厦的透明玻璃会议厅。他领导远程有线广播系统的研究与设计工作，创造性地设计并生产出广播用2000声瓦大功率气动扬声器。他领导气流噪声研究，创建了实用有效的气流噪声的压力关系。他对非线性驻波的研究取得了重要突破，国际上认为他做到了别人想做而没有做到的事情。

马大猷曾获得国家自然科学奖三等奖、何梁何利基金科学与技术进步奖、中国科学院自然科学奖一等奖、德国弗劳恩霍夫协会金质奖章和ALFA（α）奖。

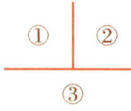

① 青年时期的马大猷
② 马大猷博士照
③ 马大猷（左二）在哈佛大学（1938～1940），右一为白瑞内克（Beranek）

① 马大猷（右三）在国立西南联合大学任教（1940~1946）
② 马大猷（二排右五）参加土改工作队（1951）
③ 徐信副总参谋长接见应用数学研究人员（前排左二总参三部贾部长，左三曾肯成，左四丁石孙，左五马大猷，左六徐信，左七柯召，左八段学复，左九万哲先）

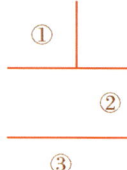

① 马大猷与钱学森
② 马大猷(右二)、王荣和(右一)夫妇与吴健雄、袁家骝夫妇
③ 马大猷夫妇(左三、左四)与费孝通(左二)、程思远(左一)

① 马大猷（右一）获弗劳恩霍夫协会金质奖章
② 马大猷获何梁何利基金科学与技术进步奖（1998），右一为马夫人王荣和
③ 马大猷参加国庆招待会，左一为中国科学院院士赵忠贤

 马大猷米寿（88岁）志喜（右一中国科学院声学研究所所长田静，右二普通声学研究室主任刘克）

 民盟主席丁石孙（前排右一）为马大猷（前排左一）祝寿

③ 马大猷九十大寿，在新世纪饭店与历届中国科学院声学研究所研究生合影

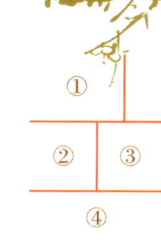

① 马大猷夫妇及子女（前中女儿晓斌，后中儿子晓非）
② 马大猷和母亲在一起
③ 马大猷夫妇
④ 马大猷一家三代同堂

① 马大猷和他欣赏的唐诗（唐·韦应物之《滁州西涧》）
② 马大猷在家中工作
③ 马大猷与书房一角
④ 马大猷在作听力测试

总序

中国科学院学部科普和出版工作委员会决定组织出版《科学与人生：中国科学院院士传记》丛书，这是一件很有意义的文化工程。首批入传的22位院士都是由各学部常委会认真遴选推荐的。他们中有学科领域的奠基者和开拓者，有做出过重大科学成就的著名科学家，也有毕生在专门学科领域默默耕耘的一流学者。每一部传记，既是中国科学家探索科学真理、勇攀科学高峰的真实情景再现，又是他们追求科学强国、科教兴国的一部生动的爱国主义教材。丛书注重思想性、科学性与可读性相统一，以翔实、准确的史料为依据，多侧面、多角度、客观真实地再现院士的科学人生。相信广大读者一定能够从这套丛书中汲取宝贵的精神营养，获得有益的感悟、借鉴和启迪。

中国科学院学部成立于1955年，经过50多年的发展，共选举院士千余人，荟萃了几代科学精英。他们中有中国近代科学的奠基人，新中国的主要学科领域的开拓者，也有今天我国科技领域的领军人物，他们在中国的各个历史时期为科学技术的发展作出了历史性的贡献。"五四"新文化运动以来，一批中国知识精英走上了科学救国的道路，他们在政治动荡、战乱连绵的艰难岁月里，在中国播下了科学的火种，推动中国科技开始了建制化发展的历程。新中国成立后，大批优秀科学家毅然选择留在大陆，一批海外学子纷纷回到祖国，在中国共产党的领导下，开创了中国科学技术发展的新篇章。广大院士团结我国科技工作者，发扬爱国奉献、顽强拼搏、团结合作、开拓创新的精神，勇攀世界科技高峰，创造了举世瞩目的科技成就，为增强我国综合国力、提升自主创新能力做出了重要贡献，为国家赢得了荣誉。他们的奋斗历程，是中国科学技术发展的

历史缩影；他们的科学人生，是中华民族追求现代化的集中写照。

当今世界，科学技术已成为支撑、引领经济社会发展的主要动力和人类文明进步的主要基石。广大院士不仅是科学技术发展的开拓者，同时也是先进文化的传播者，在承担科技研究工作重任的同时，还承担着向全社会传播科学知识、科学方法、科学思想、科学精神的社会责任。希望这套丛书的出版能够使我国公众走近科学、了解科学、支持科学，为全民族科学素养的提高和良好社会风尚的形成做出应有的贡献。

科学技术本质是创新，科技事业需要后继有人。广大院士作为优秀的科技工作者，建设并领导了一个个优秀的科技创新团队；作为教育工作者，诲人不倦，桃李满天下。他们甘当人梯、提携后学的精神已成为我国科技界的光荣传统。希望这套丛书能够为广大青年提供有益的人生教材，帮助他们吸取院士们追求真理、严谨治学的科学精神与方法，领悟爱国奉献、造福人民的科技价值观和人生观，激励更多的有志青年献身科学。

记述院士投身我国科学技术事业的历程和做出的贡献，不仅可为研究我国近现代科学发展史提供生动翔实的新史料，而且对发掘几代献身科学的中国知识分子的精神文化财富具有重要意义。希望《科学与人生：中国科学院院士传记》丛书能够成为广大读者喜爱的高品位文化读物，并以此为我国先进文化的发展做出一份特有的贡献。

是为序。

2010 年 3 月

前言

1936年，马大猷考取清华大学电声学专业留美公费生，他是中国第一位以声学为专业赴美留学的研究生。当时，现代声学刚刚开始发展。他在留学期间参与创立房间声学简正波理论，是该理论的奠基人之一。1940年留学归来，虽然他的专长——声学在旧中国得不到发挥，但他却在"教育救国"的事业中多有建树。1956年在"向科学进军"中，他提出了中国现代声学的发展规划，设计监造了现代化的音频声学实验室和水声实验室，开始招收声学不同专业的研究生。发展中国现代声学的责任历史性地落在他的肩上。他不负历史的重托，毕生为发展现代声学不懈努力。在新中国，他开始在声学领域大展宏图，为中国现代声学的发展作出了不可磨灭的卓越贡献，这也使他成为中国现代声学的奠基人。从他的学术事业可以看到中国现代声学发展的缩影。

马大猷既聪明又勤奋，学习成绩优秀，学术成就辉煌。他并不是关在书斋和实验室里不问世事的书呆子；相反，他关心国事，奉献社会。在大学和留学期间，他就参加爱国学生运动；担任教授和北京大学工学院院长时，他支持学生民主运动；在新中国建设发展中，他对知识分子的境遇及噪声污染等问题坦诚建言；直到耄耋之年，他仍关心中国科学技术的发展，上书时任国家总理温家宝，呼吁加强基础研究，并得到了温家宝总理的赞许。

马大猷在学术领域涉猎甚广，除声学外，在无线电学、电磁学、微波理论及科学史等方面都有所著述。同时，他身兼数职，常常是既做研究工作，又要教课；担任《声学学报》中英文两个版本的主编；还曾兼任中国科学院数理学部常务副主任和中国科学院研究生院副院长，各种会议缠身自不必说。因此，他就难得

找出时间来和别人聊聊天,即使下班回到家里,也难得空闲话话家常。平常他连电视都很少看,要在夫人和女儿的劝说下,他才出去散散步。这就抑制了他的兴趣和爱好。他在北京大学就读期间,爱好昆曲,还会吹笛子;留学归来时还曾买回来不少古典音乐的唱片。可是大家却没有机会来欣赏他的这些兴趣和爱好。在工作中,他严肃认真、不苟言笑的态度,高标准、严要求的原则,令学生和下属敬畏。这就屏蔽了他对年轻一代的亲和力。尽管我在他身边学习和工作了50多年,但平常我们谈起话来,也总是三句话不离本行,说的尽是学术方面的事。就连欣赏诗词和文学作品,他也会带着科学的眼光。他很欣赏韦应物的一首诗作(《滁州西涧》),其中有一句"野渡无人舟自横",他说这符合力学原理,诗人生活经历丰富,观察深刻。所以在他的书房里还挂着王寿仁先生为他写的这首诗的书法作品。加之他又没有写日记的习惯,所以我们对他青少年时代的事情和社会活动的情况知之甚少。因而,本书就侧重记述他在大学与赴美留学期间的学术成长历程,以及归国后在从教育救国到科学兴国的事业中所作出的贡献。也就是说,这只能算是马大猷的学术传记。因而,书中着重对马大猷作为开拓现代声学的先锋人物的学术活动,以及他所取得的学术成就加以较全面的叙述,从而揭示他一贯的学术思想和创新精神。

不过对下面这几个大家关注的历史问题,我还是作了一番认真的考证的。因为在我写本书的时候,他已经因病入院,不能对这些问题回忆作答了。

(1) 建筑声学发展史上具有里程碑意义的论文《矩形室内的声衰变分析》(Hunt et al., 1939),是由师生三人署名的,这篇文章使他们成为房间声学简正波理论的奠基人。那么这篇论文是怎样诞生的?马大猷在其中作了哪些贡献,他起的作用如何呢?从他的导师亨特(Hunt, F. V., 1905~1972)的有关材料,以及2008年出版的他的同学白瑞内克(Beranek)的自传中,我找到了答案。1936年莫尔斯的专著《振动与声》出版,其中第八章"驻波",用波动声学的方法建立了房间中简正波的公式,在声学界影响很大。亨特认为,这一公式还没有经过实验检验,于是就与他的第一位研究生白瑞内克着手设计矩形房间中的声衰变实验。后来马大猷来到哈佛大学,成为亨特的研究生,也一起参加工作。论文中繁复的数学计算(先对房间中的简正波加以分类,然后分别计算各类简正波的衰变,最后再得到总的声衰变)和理论分析工作都是由马大猷完成的,这是论文的核心部分。实际上这部分工作也就是他1938年在加利福尼亚大学洛杉矶分校所写的论文《矩形室内低频简正波的分布》(Maa, 1939)的发展和应用。因此,他的师兄白瑞内克,这位美国著名的声学权威,始终对马先生十分尊崇。

(2) 抗日战争胜利以后，国立西南联合大学（西南联大）解散，北京大学复校，北京大学工学院成立，校长胡适任命马大猷为工学院院长。他时年31岁，是最年轻的院长。人们赞美他年轻有为之余也多有猜测。特别是在"文化大革命"中，个别人为了达到报复的卑劣目的，就臆造出"马大猷是胡适儿子的家庭教师，所以才当上了工学院院长"的谣言，认为这样既可贬低马大猷，又使马大猷和胡适这个大"反动学术权威"挂上了钩。一时间把水搅浑，至今未得到澄清。我从胡适的有关传记中看到，又从胡适的日记中得到印证：物理学界元老北京大学理学院院长饶毓泰先生，在胡适就任北京大学校长之前还在美国期间，就向胡适推荐钱学森任工学院院长，马大猷任电机系主任。后因钱先生与加州理工学院有约在先不能应聘。加之，北京大学复校之初，在1946年8月22日第三次行政会议上就已经决议，由代校长傅斯年领衔，组成工学院筹备委员会，马大猷是五委员之一。这在北京大学行政会议记录中有所记载。因而最终聘任马大猷为工学院院长兼电机系主任，是水到渠成之事；而胡适与饶毓泰之间书信往来的个中细节连马大猷自己也不知晓。"文化大革命"以后，我曾经就此问题问过马先生，他说此前他并不认识胡适，更谈不上做他儿子的家庭教师。他也从未谈及有关饶毓泰先生举荐的事儿。在1996年中国科学院科技政策与管理科学研究所周发勤先生访问他的时候，他还说道：那时文理学院的许多教授对他（办工学院）的设想很听得进去，这可能是北京大学后来聘他为工学院筹备主任和第一任院长的原因……（周发勤，1996）

(3) 在智效民所著的《胡适和他的朋友们》（增订本）（世界知识出版社，2010年4月出版）一书的"科学篇"中，记述"'三反'运动中的竺可桢"时写道：饶毓泰得病是因为他最得意的学生在会上[①]批判了他。由于马大猷是饶先生最得意的学生之一，所以饶先生才会向北京大学校长胡适推荐他。加之，"三反"运动期间，马大猷任工学院院长之职，与饶先生同属校领导阶层，所以很容易让人猜想把恩师饶先生气病了的得意门生是马大猷。我对此事专门作了考证，在竺可桢先生的日记中，查到了有关这一事件的记载。原来饶先生这位最得意的门生另有其人，不是马大猷，特在书中加以记述以免造成误解。

(4) 在厦门的大嶝岛上建有一座"英雄三岛战地观光园"。园中有一个"世界最大的广播喇叭"，有关宣传材料对其介绍有所不足，完全没有提及中国科学院声学研究所和有关单位的贡献。因为现在的有关负责人可

---

① 指在"三反"运动的会上。

能并不了解历史情况。虽然这里使用的有线广播大喇叭并不是中国科学院声学研究所生产的，可是它的原创性研制工作却都是由声学研究所完成的。这个远程有线广播大喇叭的诞生，源于1963年中国人民解放军总政治部下达给中国科学院声学研究所（当时属电子学研究所）的任务（福建前线有线广播系统属于700#（号）任务）。该任务由马大猷负责，有声学研究所、四机部第三研究所、广播事业局、文化部电影技术研究所和上海无线电十一厂参加。声学研究所负责研制新型大功率扬声器，1967年研制成功1000声瓦气动扬声器。实际上这是一项发明，应当取得专利。可是在那个年代，中国还谈不上知识产权，更没有对其加以保护的意识。所以今天大家看到这个世界最大的广播喇叭，就只知道它是"最大"，而不知道它是中国声学家的一项创造。由于我曾参与由马大猷先生领导的这项任务，所以有责任把这个"世界最大的广播喇叭"的来龙去脉讲清楚，以为历史存照。

(5) 1962年召开的"广州会议"，为知识分子"脱帽加冕"（脱资产阶级知识分子之帽，加劳动人民知识分子之冕），这是中国政治生活中的重大历史事件。仗义执言的马大猷便是按下启动这一历史事件的按钮的人，从而留下了"广州会议为知识分子脱帽加冕，一'马'功不可没"的美谈。这是马大猷先生作为现代知识分子的社会担当意识的突出表现。因而，我特别关注广州会议，并以他参加广州会议的笔记为依据，在他的传记中对这一事件加以介绍。我认为这对了解当时的真实情况是很有价值的。

在撰写本书过程中，我得到了师母王荣和教授的鼎力相助，她不但会同马先生的妹妹马利铭教授多次回忆往事、提供素材，而且仔细阅读本书初稿，提出许多重要的意见，在这里谨向她们表示诚挚的谢意。马先生的秘书柯豪先生精心收集整理了马先生的文稿、笔记和各方面的资料，为本书的撰写提供了许多方便和帮助，在此向他表示感谢。没有他们的帮助，本书是写不出来的。

作为马大猷先生的学生，我受命撰写他的传记，既认为这是弘扬师表，责无旁贷，又感到责任重大、力不从心，只是本着尊重历史、力求真实的原则，用实事求是的科学态度，不演绎、不溢美，也不为长者讳来加以记述。这就难免在有关人和事的叙述中有失敬和不妥之处，也会有记忆不准确的地方，还请有关人士多加谅解，也请各位读者批评指正。

张家𬴊
2012年3月25日
于团结湖自在堂

目 录

总序 ……………………………………………… 路甬祥

前言 ……………………………………………… 张家骧

第一章　身世　成长

第一节　祖籍广东的北京人 …………………… 1
第二节　少年丧父　慈母培育 ………………… 2
第三节　师大附中哺育他成长 ………………… 8
第四节　志在清华却就读北大 ………………… 9

第二章　胸怀壮志　出国留学

第一节　现代声学与中国 ……………………… 14
第二节　肩负重任　学习声学 ………………… 20
第三节　良师指导　精心准备 ………………… 22
第四节　留学美国　初露锋芒 ………………… 25
第五节　转学哈佛　再显身手 ………………… 32

第三章　学有所成　教育救国

第一节　获得博士　踏上归途 ………………… 44
第二节　西南联大最年轻的教授 ……………… 46
第三节　从年轻教授到工学院院长 …………… 52
第四节　晚婚得子　共享天伦 ………………… 62

第四章　向科学进军　奠基中国现代声学

第一节　短暂的默默无闻 ……………………… 66

　　第二节　参与制订"12年科学技术发展规划" ………………… 67
　　第三节　中国第一个专业声学实验室 …………………………… 72
　　第四节　"大跃进"催生语言声学 ………………………………… 79
　　第五节　人造卫星上天　次声研究肇始 ………………………… 86
　　第六节　人民大会堂音质设计——中国建筑声学新篇章 ……… 89
　　第七节　远程有线广播与大功率气动扬声器 …………………… 94
　　第八节　为了发展声学重新登上讲台 …………………………… 102
　　第九节　火箭噪声、人造卫星与高声强实验室 ………………… 104
　　第十节　"文化大革命"搅乱了科研秩序 ……………………… 107
　　第十一节　重回物理研究所　现代声学得以幸存 ……………… 109
　　第十二节　自由研究带来的快乐与成就 ………………………… 114

第五章　科学的春天　声学的新生

　　第一节　新时代再挑科学和教育两副重担 ……………………… 121
　　第二节　在科学的春天里　声学所得以复苏 …………………… 124
　　第三节　30年的努力　中国成为声学大国 ……………………… 128
　　第四节　马大猷的理论在德国开花结果 ………………………… 133
　　第五节　批判经典理论　强调物理分析 ………………………… 139
　　第六节　开拓新领域　再攀新高峰 ……………………………… 141
　　第七节　《声学学报》——展示中国声学成就的窗口 …………… 150
　　第八节　九十华诞　四海宾朋 …………………………………… 151
　　第九节　一点遗憾 ………………………………………………… 153

第六章　爱国惜民　仗义执言

　　第一节　爱国救亡　深植心中 …………………………………… 154
　　第二节　教育救国　支持学运 …………………………………… 156
　　第三节　一"马"当先　"脱帽加冕" …………………………… 157
　　第四节　控制噪声　造福社会 …………………………………… 159
　　第五节　建言加强基础研究　以利发展自主创新 ……………… 160

参考文献 ……………………………………………………………… 165

马大猷大事年表 ……………………………………………………… 168

Summary ……………………………………………………………… 171

后记 …………………………………………………………………… 192

第一章 身世 成长

第一节 祖籍广东的北京人

马大猷，字倬道，1915年3月1日生于北京，祖籍广东潮阳县和平上寨村；父马有略，字星曹，清末赴日本留学获明治大学法学学士；母高琦①，河北涿州人。马大猷乳名雄才，上学后取名大猷，大猷是雄才伟略的意思。在老家，他还有一位同父异母的哥哥，名马雄章，字代汉，号卓云。1926年，他这位兄长曾来过北京一年，以后也就没有来往了。马大猷生在北京，成长在潮州会馆，一直在北京（1928年6月20日～1949年9月26日改称北平）上学，从来就没有去过潮阳老家。他事业有成之后，本想回老家去看看，可是又碍于当地的风俗习惯，害怕自己经济能力不够、礼数不周，就这样始终没能去成。所以，他实实在在是一个"老北京"。

潮阳背山面海、气候温和、资源丰富，是个历史悠久、文化深厚的好地方，素有"海滨邹鲁"的美誉。自东晋隆安元年（公元397年）设县，因地处山之南海之北故名潮阳。这里称得上千年古邑，人才济济，养育了众多先贤和各界名人，仅两院（中国科学院和中国工程院）院士就有十余人，还有多名大学校长。可是这里人多地少，发展空间有限，许多人很早就背起行囊，奔赴海外谋生或出国留学读书继世。马父也东渡日本留学，就读于日本明治大学，学习法律，获得法学学士以后归国，就职于北洋政府农商部，任办事，这是政府里最低一级的官员，月薪大洋80元。虽然看起来不算低，可是政府总是欠薪，连半数都拿不到，有时甚至只给一些国债券。因而常有全家等米下锅的时候。

北洋政府是由北洋军阀控制的中华民国北京政府，存在于1912～1928年。这期间，不但封建清王朝留下的乱摊子没有得到很好的整治，

---

① 在有关马大猷的一些文章中，曾将高琦误为高绮；马夫人王荣和教授根据户口本予以订正。——笔者注

马大猷的父亲马有略

反而开始了连年的军阀混战，而且袁世凯重新称帝，不但经济得不到发展，人民生活更不安定。马父任职的农商部总长谷钟秀（1916 年 7 月～1917 年 6 月任职）在就职演说中就指出，自民国 2 年（1913 年）11 月以来，所借内外债就有 7 亿元之多，连同旧债一起已达 20 亿元。所以，各机关的经费总是捉襟见肘，公职人员经常欠薪，马家也常靠典当为继。1928 年，马父为维持家计，只好弃官去上海做律师谋生，在上海工作两年就去世了。那时马大猷只有 15 岁，他正在读中学；还有两个年幼的妹妹，一个 10 岁，另一个仅 5 岁。这时家庭生活和培育子女的重担，就都落在马母的身上。

第二节　少年丧父　慈母培育

马母勤俭持家、教子有方，家中除了他们母子四人之外，还有体弱多病的外婆。幸而他们一直住在北京的潮州会馆里，房租是不用付的。马父

马大猷的母亲高琦

故去以后,马母经友人提示,向同乡会报告了家中生活状况,得到了众人的同情,所以三个孩子上学的费用也得到了同乡会的资助。马母含辛茹苦,做一些帮人缝补和浆洗的工作来贴补家用。她知书达理、贤惠能干,宁肯自己吃苦也要把子女抚养成才;尽管家境贫寒,还是把一子二女都培养成大学毕业并且事业有成的人。她慈眉善目、机敏健谈,说起话来轻声细语、条理清晰,把内外事务管理得井井有条。这对马大猷性格和品德作风的形成起了重要作用。马大猷一生勤俭朴素,侍母至孝,深知家境困难,母亲负担过重。在留学期间,他总要节约开支,从每月的奖学金中拿出10美元来寄给母亲。马母更是过惯了苦日子,总是深谋远虑、未雨绸缪,这些钱她不肯轻易动用。最后,到了1940年马大猷学成回国,要去西南联大做副教授,马母也要离开已经沦陷的北平,前往大后方昆明安顿新家,迎接游子归来,这笔积蓄就派上了用场。

从北平到昆明,千里迢迢,要取道香港,经由越南(当时叫安南)海防,再由海防到河内方可搭上滇越铁路,再乘火车直到昆明。这样复杂的旅行路线,年轻人听起来也感到头痛。何况那时候正是战时,社会动荡、秩序混乱,还有日寇统治等诸多限制。对于一位母亲携带两个女儿来说,这样的长途跋涉,无疑是十分艰难的。马母尽管平日节衣缩食,但这时候为了旅途安全,就通过中国旅行社订购了从塘沽到海防的头等舱船票。那时候美金比较值钱,所以马母手中积攒的儿子寄回来的美金很管用。但是路途上总不免遇上各种麻烦。到了海防(当时安南由法国占领),一个法国兵看上了她们携带的新买的、花色

好看的毛毯，于是就给扣了下来。马母几经交涉才得以要回来，可见她是多么勇敢能干。

马大猷在北京大学物理系读书时的老同学虞福春，先期为马母他们租好了房子。但是这一应家事用具还总要马母亲自操劳才行。一个月以后，即1940年8月，马大猷才从美国回到昆明。这时他的大妹马利铭要升大学，由于西南联大招生时间已过，遂考入云南大学医学院，其后在空军总医院任呼吸科主任，现已离休。小妹曾供职于中国科学院心理研究所，因患有先天性心脏病，于1959年英年早逝。

在昆明他们又开始了一段在不安定的国家中稍微稳定的家庭生活。马大猷能够专心致志地在西南联大开展他的教育事业和研究工作，也端赖他母亲为之操持家务，做好后勤支援。在"文化大革命"中，明史专家、时任北京市副市长吴晗被打倒的时候，马母回忆起她出去买菜时，还常常看见吴晗也拎着个篮子去买菜。20世纪60年代，马母已经年迈，不能出门买菜，而马大猷买回来的菜常常都是人家挑剩下的或是论堆儿的，不能让老太太满意。

马母在有生之年总是这样默默地劳作着，只是后来因年迈摔倒，一只腿受伤，才不得不减少体力劳动。她性格开朗、身体健康，平时常常看报、听收音机，又有孙子孙女相伴，得享天伦之乐。"文化大革命"中，在打倒"反动学术权威"浪潮的冲击下，在马家本不宽敞的中国科学院的老宿舍中，又挤进来三户年轻人家。尽管生活环境破坏不堪，但她都能泰然处之。直到"科学的春天"，改革开放以后，他们喜迁新居，马母才得以安度晚年。她于1989年逝世，享年92岁，是一位长寿老人。

潮州会馆泛指潮汕人所建的会馆，在北京就有六七处。北京的潮州会馆不同于全球各地的商业性质的潮州会馆；它是专供在京师的同乡官僚、士绅和赶考举子居留聚会的处所，属于试馆性质。马大猷所居住的潮州会馆也称西馆，地处宣武门外海北寺街13号（1965年整顿街巷，名称改为海柏胡同23号），有房20余间。街南面原有古刹海波寺（辽金时所建），故明代这里叫海波寺街，清代称海北寺街，民国时期沿用。这里原来是会馆云集、名人荟萃的地方。街西头有顺德会馆，有关北京史地资料的名著《日下旧闻》的作者、清代著名文人朱彝尊（1629~1709）曾谪居在此，他的屋前有古藤，所以他的居所也叫古藤书屋。《桃花扇》的作者、孔子的后代孔尚任（1648~1718）也曾住在这条街上。这条街在宣武门外不远的路东，东西走向，西靠宣武门，东近和平门，向南一走就是琉璃厂。街虽不宽但绿树成荫，地理位置优越，幽静闲适。马大猷和妹妹们读书的学校也都离得不远。小时候他就常带大妹一起玩儿，春节时逛厂甸，天好时

马母和马大猷及妹妹（上，40年代；下，80年代）

爬城墙，充分享受童年的乐趣。小妹因体力不支，总是跟母亲在一起，不跟他们去"淘气"。

海北寺街潮州会馆坐北朝南，后院有臭椿树，前院有石榴和夹竹桃，是一座典型的"天棚、鱼缸、石榴树"的北京院落。每到烈日炎炎，蝉声高亢洪亮，此起彼伏，连绵不断，有时像合唱，有时又仿佛在对唱。蝉在北京通常被称为唧鸟（有人也叫知了）。可能是因为它的叫声比一般的鸣虫响亮很多，成虫又居于树上，所以才称其为鸟吧。北京的孩子们都很喜欢它，幼虫出土前就去挖它；成虫上树后还会去粘它。马大猷非常喜欢它

马母与马大猷夫妇、马利铭夫妇

马母与马大猷夫妇、孙子马晓非夫妇三代同堂

的叫声。他对这么小的一个鸣虫怎么能发出如此洪亮的声音很感兴趣。直到在哈佛大学留学期间，他还对老皮尔斯教授（Pierce，G. W.，1872～1956）退休后在别墅开拓的、用现代声学方法研究秋虫鸣声的工作有兴趣。他认为这是生物声学的开创性工作。中国科学院生物物理研究所的蒋锦昌研究员从1983年开始研究蝉的鸣声，晚年的马大猷给予了大力支持和帮助。2000年蒋锦昌的专著《蝉的鸣声与发声》出版，他欣然为之作序，并对蒋锦昌取得成果兴高采烈。

1921～1926年，他就读于北京第二十一小学①，既聪明伶俐又勤奋好学，学习成绩很好；他还参与学校贩卖部的工作，受到老师的奖励，奖品是一本行书字帖。他自是十分高兴，所以就开始临摹行书而忽略了楷书的练习，后来自己还感到缺憾。他不但有很强的自学能力，而且还能掌握有效的学习方法。在家里他就帮助大妹学习，总是教会她一些好的方法。因此，当她参加小学入学考试时，成绩优异，跳过了一年级，一下就上了二年级。在哥哥的指导下，一年后她又跳过了三年级，直接升入四年级。可见，马大猷自幼读书就不是死记硬背，而是运用理解方法。他的记忆力也是超群的，直到晚年仍然如是。讲课演说从不手拿讲稿照本宣科，而是面对听众侃侃而谈，因而学生们都喜欢听他的课。

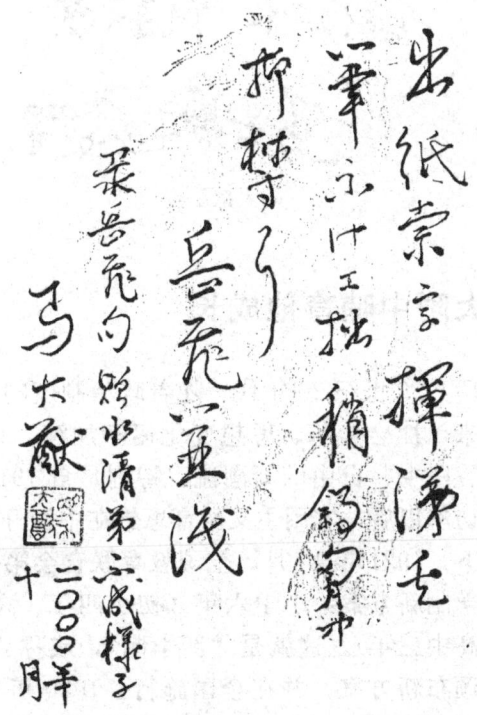

马大猷墨宝

---

① 现名北京市西城区顺城街第一小学，前身为北洋官立第一小学堂。北京第一实验小学的网站上，也把马大猷列为该校校友。经笔者与校方联系，并没有查到文字材料为证。后经马利铭教授（马大猷之大妹）多方回忆，确认他们二人都是在第二十一小学毕业的。马大猷并未在第一实验小学就读过。1921年马父尚在北洋政府任职时，送马大猷入北洋官立第一小学堂是可以理解的。——笔者注

马大猷墨宝

第三节 师大附中哺育他成长

辛亥革命以后，20世纪20年代，随着政治制度的改变及早期出国留学人士的陆续归来，社会变革、思想变化逐渐加深。1919年的"五四运动"带来了科学、民主、自由的新潮流。特别是自1919年4月美国哲学家、教育家杜威访华以后，实用主义教育思想在中国开始迅速传播。在新文化运动的影响下，1921年10月，全国教育联合会第七届年会在广州召开，提出了改革学制新方案：小学六年（初小四年、高小两年），中学六年（初中三年、高中三年）。这就是"新学制"，或称"壬戌学制"。1922年，教育部正式颁布新方案，并在全国施行。1920年小学中的课程"国文"改称"国语"，从1922年起，小学课本中的文体教材也被废止。所以，马大猷从小学开始就是在新学制教育下读书受教，接受新思想。毫无疑问，新式教育对学生的思想解放和才智的发挥起到了很好的作用。中国许多成绩卓著的第二代和第三代现代科学家，都是在民主革命以后新思想的哺育下成长起来的。他们人数大增；在前辈打下的基础上，不但在国外学有所成，而且回国在本土也开展创造性的工作，实践科学救国和教育救国的梦想。

1926年，马大猷考入北京师范大学附属中学（师大附中），一直念到1932年毕业。这期间父亲去世，经济来源断绝，幸有潮州同乡会相助，才得以继续学业。他自幼备尝生活的艰辛和穷困，所以他更加懂事和勤奋，作为长兄自然也要分担家庭的生活重担。那时北京居民使用煤球炉子，它可不是那么好"伺候"的，生起火来不容易还烟熏火燎。他每日早起生火烧水，为外婆冲好一杯糖水之后，才去上学。

师大附中在当时就是全国有名的好学校，现在已誉满海内外。马大猷入学的时候，正值师大附中林砺儒主任进行学制改革，采用"三三制"（初中三年、高中三年），1923年正式施行。新文化运动带来的新思想和新学制推行产生的好效果，对马大猷这一代的学子们产生了十分有益的影响。再加上师大附中的传统精神——忧国忧民、求真求善、克勤克俭、自立自强，这些都给马大猷留下了深深的印记。

师大附中教育质量很高，教材先进，要求严格，允许个人爱好，鼓励个性发展。他认为在老师当中傅种孙（仲嘉）（1898～1962）、程廷熙（春台）对他的影响很大（这两位老师是著名的数学教育家，对中国现代数学教育有很大贡献，后来都成为北京师范大学的数学教授），因而非常喜欢数学。在师大附中期间，这两位老师就倡导直接采用国外课本，还组织了国外课本的影印工作。当年"范氏大代数"（H. B. Fine：*College Algebra*）曾风行全国，大大提高了学生的数学水平。师大附中毕业生的数学水平可以达到大学一年级的程度。两位老师还亲自编写教材，努力宣传和贯彻现代数学思想。傅种孙认为，在数学教育中应重视固本（打好基础）、重视逻辑推理的严密性、重视数学中的公理化方法。两位老师不但讲课清晰、逻辑性强，而且对学生友好、循循善诱。程先生鼻子较大，淘气的学生会以此开玩笑，他也不生气，很有修养。

在马大猷读中学的几年中，日本不断加紧对中国的侵略，1928年就相继发生了"五三"济南惨案和炸死张作霖的"皇姑屯事件"，1931年日本公然发动"九一八"事变，强占东北三省。这使正在读书的爱国青年们感到亡国无日，更激起了他们科学救国的热情。马大猷很想学习机械，因为机械工程更接近实际，也是中国亟待发展的事业。在师大附中良好教育的基础上，1932年他考大学就很容易了。他报考了清华大学机械系和北京大学物理系，结果都被录取了。

第四节　志在清华却就读北大

当他收到清华大学的录取通知时，得知每年的费用高达260银元，而

北京大学

北京大学则每学期只收学费 10 银元（尚有体育费 1 元），并且还有助学金。由于家庭经济条件无力负担上清华的费用，他就选择去读"穷"北大了。这一年（1932 年）在北大日刊第二八七号（民国 21 年 7 月 29 日）上，发榜公布了录取的 237 名学生名单。后来由于学习成绩优异，他获得了助学金，每年 160 银元，他可以安心就读了。其实，当时仅就学费而言，清华和北大差不多是一样的，都是每学期 10 银元，只是清华体育费为 2 银元，体育服也是一笔开销。但是，北大在"五四"运动以后，已经转向了平民型大学，学生生活简朴，一袭蓝布长衫便是当时的流行装了，许多家境清寒的学生容易维持。加之学校地处城区，全国有志青年多是寒门子弟，都向往来到这新文化运动的中心，沙滩一带简直就形成了"北平的拉丁区"。这里廉价公寓很多，小饭铺遍地皆是，吃住都很便宜。学校食堂包饭，每月也不过六七银元。所以马大猷获得助学金以后，就无后顾之忧，可以一心专注于学业。不过由于他学习上行有余力，为了减轻母亲的负担，他有时教家馆（就是现在的做家教），有时在进德中学教高中物理。

当时北大物理系也是名师云集。萨本栋（1902～1949）教普通物理，他与叶企孙（1898～1977）共同建设和发展了清华物理系；他所著的《普通物理学》在 20 世纪 30 年代被各大学普遍采用。饶毓泰（1891～1968）教电磁学和物理光学，他身为系主任，不仅讲两门课还亲自批改学生作业，检查学生实验，给予恰当的表扬和纠正，同学们受到极大的启发和鼓舞。马大猷在这样的条件下打下了坚实的数理基础，他说直到今日，一些重要（的物理）理论、规律、现象，以及基本的数学和物理常数还记得清清楚楚，有些细节，坐下就可以推导出来。

从他在北大物理系读书四年的成绩单可以看出，他修满 145.5 学分（学校规定为 132 学分），四年总成绩为 337.6 分，历年总平均成绩为 84.4 分。同年级获得总分在 330 分以上的学生，只有他和虞福春（1914～2003）两人；绝大多数都在 300 分以下。因而他们两个也就成为饶毓泰的得意门生。从成绩单上也可以看出，马大猷是比较全面发展的。他不但理科成绩好（微分方程居然得过 100 分），德语也在 90 分以上，军事训练也达到 92 分。到了四年级要毕业了，军事训练课才有所放松。

第一學年（　年度）	科目	普通物理	普通動物	解微積	立體幾何	普通化學實習	普通化學	定性分析	定性分析實習	德文初步	黨義	庭外閱讀
	分學	8	3	10	6	3	9	2	加3	6		
	數分期上	87	72	88	81	71.9	76				82	60
	數分期下	88	70	87	95	霸積分		91	88	90	65	3
備考	均平期爾	87.5	71	87.5	88	71.9	76	91	88	89.1	62.7	總成
第二學年（　年度）	科目	理論力學	電磁學	畫學實習	高等微積分	微分方程式	科學概論乙					
	分學	6	6	3	10	4	6					
	數分期上	91	73.4	83	96	100	75					
	數分期下	93	84.3	80	96.5	83	81					
備考	均平期爾	92	79.9	81.5	96.3	91.5	78					
第三學年（　年度）	科目											
	分學											
	數分期上											
	數分期下											
備考	均平期爾											
第四學年（　年度）	科目											
	分學											
	數分期上											
	數分期下											
備考	均平期爾											

马大猷在北京大学物理系的成绩单
资料来源：北京大学档案馆存档资料

饶毓泰热心教育、循循善诱、广揽名师、努力钻研，成为马大猷一生

从事教育工作的榜样。后来，在他担任北京大学工学院院长的时候，不但行政领导工作做得好，教学工作也做得很出色，诚可谓名师出高徒。

马大猷在北京大学物理系的成绩单
资料来源：北京大学档案馆存档资料

那时北大物理系学生既要修满学分，又要每周两三个下午做实验，但是一般同学都行有余力，都会去图书馆阅读课外书籍。系里的图书馆藏书也很丰富，一律开架供学生自由阅读。马大猷在读到二年级的时候，还每周一次到北京图书馆，离北大所在的沙滩并不算远，去阅读倪尚达（1898～1988）所著的《无线电学》。倪尚达乃中国最早的无线电专家和教育家，1929年出版的《无线电学》是中国最早的无线电专著，被誉为"学习无线电之善本"。该书被各大学广为采用，到1950年已出版43版。著名物理学家吴健雄就是倪尚达在国立南京中央大学任教时的学生。马大猷从此对无线电学深入钻研，又在哈佛大学进一步提高，因而成为国内有名的无线电专家。

1934年，马大猷读三年级的时候，吴大猷（1907～2000）先生在密歇根大学获得博士学位后应从前在南开大学读书时的老师饶毓泰（时任北京大学理学院院长）的邀请，到北大任教。吴先生到来，首先通过在美国作研究时的熟人为北京大学订购了一批先进的实验设备；其次又把量子力学介绍到中国来，因为他就读的密歇根大学是当时美国发展量子力学的中心。他开的量子力学课也使马大猷受到了启发，这对他后来在加利福尼亚大学洛杉矶分校留学，再读量子力学课程帮助很大。师生两个"大猷"，一时间在北大学生中传为美谈。

北大学生的业余活动也是很丰富的，除打球、练武之外，还有各种社团活动，如练习莫尔斯电码、远足等活动。北大素有爱好和研究昆曲的传统，从20世纪初蔡元培（1868～1940）校长和吴梅（1884～1939）教授等大批挚爱昆曲的学者把昆曲引入讲堂开始，昆曲在北大就不断得到发展，俞平伯（1900～1990）、林焘（1921～2006）教授等都曾在北大不遗余力地演习、传唱昆曲。马大猷也曾学习过吹笛子，只不过他并未达到痴迷不舍的程度，因此，与他共事多年的同事和学生们也没能一饱耳福。

饶毓泰

吴大猷

1936年，他从北大物理系毕业，本想留在学校做助教却未能如愿，可是这成就了他此后发展中国现代声学的大事业。历史决定了他的人生。

第二章 胸怀壮志 出国留学

第一节 现代声学与中国

声学是一门很古老的科学。因为声音与人类的发展进化、生产生活有着极其密切的关系。1987年,在河南省舞阳县贾湖裴李岗文化遗址发现的距今8000多年的骨笛(用鹤骨做的),就证明我们的先人已经运用了四声、五声、六声和七声音阶。由泥土材料制成的陶笛、陶埙,也有7000多年的历史。有正式文字记载的声学理论是春秋时代(公元前6世纪)的《管子·地员》,其中就有以三分损益法计算五声音阶的详细记载。三分损益即把管(笛或箫)的长度增加或减小1/3,那么声音的频率就降低或提高1/3。到了春秋末期,《吕氏春秋·季夏纪·音律》中就记述了以三分损益法计算十二律的方法,从而在世界上最早得出了音律的数学关系。希腊哲学家毕达哥拉斯(Pythagoras,约公元前580~前500)大约在同一时期制定了自然律,但无文字记载,只是传说。中国古代音乐的标准音都用笛子记录,容易保存,比较科学。在欧洲希腊使用弦,可是,弦拉的松紧不同,发出的音就不一样,只靠长度就不容易比较音高。作为一门专门的学问,"声学"一词最早出现在北宋时代沈括(1031~1095)的著作《梦溪笔谈》一书之中。在西方,"声学"作为专有名词则是由法国物理学家索威尔(Joseph Sauveur,1653~1716)首先提出来的。中国到了明代,王子朱载堉(1536~1611,明朝开国皇帝朱元璋的第九代孙)首创了十二平均律(当时称为"新法密率")的理论。他找到了各律音之间的关系,并成功地计算出 $\sqrt[12]{2}$ 的数值,精度可达小数点后24位(戴念祖,1994)。到了19世纪,英国科学家瑞利(Lord Rayleigh,即 Strutt,J. W.,1842~1919)的皇皇巨著——《声的理论》,把声学的经典理论发展得比较完善。可是人们对建筑声学却知之甚少。尽管在1400多年前周兴嗣(469~521)的著作《千字文》中,就有"空谷传声,虚堂习听"关于混响现象的描述,但完全不清楚它产生的原理。

早期人类活动大多在室外,包括集会和欣赏音乐也都是在室外广场。

然而随着社会生产的发展和人类文明的进步，大型厅堂不断涌现，室内活动逐渐增多，这时房间音质问题就变得十分突出。为了取得良好的音响效果，许多著名的古典音乐作曲家都根据他们的经验，为特定的演奏场所作曲，并不是由建筑师通过设计来取得良好的音质效果。

一般认为，现代声学是从赛宾（Sabine，W.C.，1868～1919）开始的。他开创了建筑声学，使房间音质有了一个定量的描述和指标。在美国哈佛大学有一个佛歌美术馆（fogg art museum），其中有一个讲堂（fogg lecture hall）建成后根本不能使用，因为在其中讲课，听不清楚。那时的哈佛大学校长埃利奥特（Eliot，1834～1926）专长于数学和化学，既是哈佛的教授也是麻省理工学院的教授，曾赴欧洲游学，归来后推行教育改革，很有魄力，自1869年起任哈佛大学校长。他在任40年间把哈佛大学建成了一所现代化的研究大学。1895年，埃利奥特把改建讲堂的任务交给了赛宾，那时赛宾刚被任命为物理系的助理教授。赛宾是1886年从俄亥俄州立大学毕业的，毕业后来到哈佛大学做研究生，1888年获得硕士学位。那时他的主要工作是设计物理系的实验课，把物理系的实验室建立起来。赛宾也没接触过声学工作。由于房间中的音质与多种因数有关系，当时物理系的一些年长的老师都认为改建讲堂是一项不可能完成的工作。

在西方，古希腊和古罗马，由于气候关系，一般重要活动多在露天举行，所以建有许多露天剧场。只是到了近代，随着基督教的发展，大教堂逐渐兴起。人们发现，采用大理石和花岗岩建造的高大雄伟的哥特式大教堂，在其中传导的声音听不清楚。在中国，人们也早就认识到声音在室内逐渐衰变的现象。所谓"余音绕梁"的形容最早可以上推到战国时期（约4000年前）；出现在《千字文》中的"虚堂习听"也是描述混响现象的，至今也有近1500年了。但是也都只知道这种现象而没有进行深入的研究。

赛宾

赛宾接到任务以后，不是简单地就事论事，而是先弄清楚房间内混响的原因。这样的做法得到了校长的支持，校长不要求他马上得出结果。首先，他与传统的声学家用几何声学把声音看做声线的观点不同，他把房间中的声音看做能量的扩散。其次，他对佛歌讲堂和桑德斯剧院（Sanders theater）进行了系统的调查研究。他所具有的设备，就是经过他自己设计改造的风琴管（用做声源，频率为512赫兹）和

15

计时准到 0.01 秒的停表。一般的钟表不够精确，他做了一个转筒，可以在筒上刻画记号，保持转筒的转速不变，那么筒上两点间的距离就代表时间。测量时有一个人管着按钮，一按按钮风琴管开始发声，再一按便停止发声，转筒开始转动时刻上记号；当风琴管的声音听不见的时候，再按一下按钮并在筒上刻出记号，两个记号之间的长度便表示混响时间。他发现佛歌讲堂的混响时间大约是 5.5 秒。这大大超出了一般能听清楚讲话的房间的混响时间。他认为混响与声音能量的吸收有关系，所以他就利用从桑德斯剧院借来的椅垫来改变混响时间。他有时也到剧院里去测量，赶上有演出还测得了观众对混响的影响。他发现 1 个观众大致相当于 6 个椅垫的吸收。为了避免噪声的影响，测量都是在半夜进行的，他就这样连续测量了三年。除讲堂和剧院两处地点以外，他还测量了 10 余所厅堂。到 1898 年他获得了大量的数据，但仍未找到规律，只能根据测量结果提出一个处理方案。利用椅垫和地毯等来吸收声音，取得了很好的效果。学校给了他 500 美元的奖金（相当于一年的工资）。

波士顿音乐厅外景（左）和内部（右）

这时波士顿正要建一座新的交响乐音乐厅，哈佛大学校长便向业主推荐赛宾，作为他们的顾问。赛宾觉得在没找到房间混响的一般规律之前，对一个体积大小、形状不同的新厅堂，无法估计它的声学特性，提不出设计要求来。他没有立即答应校长的安排。于是他连夜工作，根据他多年积累的大量数据，经过两个星期的仔细推敲，终于发现了混响时间与房间的总吸声量（赛宾用椅垫的面积的平方英尺数来表示）成反比而与房间的体积成正比的关系。以前因为没有计入房间的原有吸声量，所以没能得到这种关系。赛宾得出的公式很简单，即混响时间

$$T_{60}=\frac{0.49V}{A}, \ A=S\bar{a}$$

式中，V 为房间的体积，以立方英尺计；S 为房间的内表面积，以平方英尺计；A 为房间内的总吸声量；$\bar{a}$ 为房间内的平均吸声量；T_{60} 为混响时间，即声音在房间中衰减 60 分贝所需要的时间。

要是采用标准计量单位，长度以米计，这个公式就可写成

$$T_{60}=\frac{0.163V}{A}, \quad A=S\bar{a}$$

有了这个关系式，他才接受了校长安排给他的新任务。获得这一成果后第二天（1898 年 10 月 30 日），他在写给校长的信中说："这一发现开启了一个广阔的领域……预测要设计的任意房间的声学特性，至少观察混响，只需进一步搜集不同的建筑材料的吸声能力的数据就行了。"他不但进行了许多计算，而且测量了很多材料的吸声性能，提出了设计要求；建筑完成以后，又作了很多测量和试听，当然也经过了与建筑师的多次讨论和交涉，终于建成了可容纳 2625 人的波士顿音乐厅。它在某些方面有点像维也纳的爱乐之友金色大厅，但是座位却多出了 945 个，金色大厅只有 1680 个座位。每当演奏流行音乐时，波士顿音乐厅正厅池座要放一些桌台，这样座位就减少到 2369 个。满场时中频的混响时间为 1.9 秒。多位国际知名的指挥家都认为，这是美国最好的音乐厅，也是世界上三个顶级大厅之一。这使它成为音乐厅设计的范例。就这样，赛宾不但开创了建筑声学，也使声学走向了现代发展阶段。

1917 年始建、1921 年建成的清华大礼堂，是清华大学早先四大建筑之一，是清华的标志性建筑。它是由美国建筑师墨菲（Murphy, H. K.）和达纳（Dana, R. H.）设计的一座罗马式和希腊式混合的古典式建筑，内设 1200 个座位。它在结构形式上又模仿 1400 多年前的土耳其索菲亚大教堂。全部建筑材料都是从美国运来的。在那时候，这两位建筑师只注意建筑设计，完全没有考虑声学效果；可能他们也还不知道赛宾的工作。因而礼堂在建成以后，就面临与哈佛大学佛歌讲堂同样的问题——听音困难。

中国近代物理学先驱叶企孙（1898～1977）于 1925 年受聘清华主持创建物理系，清华大礼堂听音困难便成为他面临的现实问题。他是一位学识渊博、理论联系实际、有远见的科学家。他注意到了赛宾的工作，在 1926～1927 年就测

叶企孙

量并研究了清华大礼堂的音质问题（叶企孙，1927）；对清华大礼堂缺乏吸声材料导致混响时间长、巨大高深的穹顶造成回声的问题提出了改正方法。在他的领导下，赵忠尧和陆学善对中国的衣服和棉被的吸声能力进行了研究（陆学善，1931）。这些工作都是中国建筑声学的开始，由于当时条件所限，此后便没有人再继续，听音困难也就没能彻底解决。

清华大礼堂　　　　　　正在改建中的清华大礼堂内部

　　有些问题，如建筑结构和建筑材料上的固有缺陷对音质造成的损害，物理学家是很难补救的。叶企孙具有远见卓识，看到了当代声学的发展方向，不但亲自开展了建筑声学研究，而且随即在1936年拟定第四批清华留美公费生专业的时候，在物理学科中特别强调了电音学（现在的电声学），从而在中国创建现代声学。马大猷便在1936年北大物理系毕业以后，考取了这届清华留美公费生，成为中国第一位以声学为专业的留学生，肩负起发展中国现代声学的重任。

　　20世纪80年代末，同济大学、南京大学、四机部第三研究所和中国科学院声学研究所，对国内几种言语清晰度测试方法共同进行对比研究。测试场所选定在清华大礼堂、电子部礼堂和中关村礼堂。中关村礼堂就是在"大跃进"中盖起来的"四不要"礼堂。所谓"四不要"，就是不要砖、不要木、不要钢筋、不要水泥，而是采用中国科学院土木建筑研究所研制出来的代用材料。"四不要"礼堂在70年代末被拆除，并在原址复建改称中关村礼堂。测试结果表明，清华大礼堂的言语清晰度是最低的。之所以如此，正是因为建筑声学工作艰辛复杂，除学术问题之外，还有许多实际问题掺杂其中。从一个发生在美国的著名音乐厅的设计实例，这个20世纪国际声学界很有影响的事件，就可见一斑了。

　　厅堂的音质设计是一项复杂而又有一定风险的声学专业性工作。多种因素，如房间的形状、空间的大小、尺度的比例、建筑的结构、所用的材料及内部的装饰等，都对房间的声学特性有影响。声学家的要求又常常与建筑师的理念相冲突；建筑师和声学家提出的设计方案又会与业主（建筑委员会）的设想或经费不相符。这常使作为声学顾问的声学家左右为难，无法施展。马大猷在哈佛大学读研究生时的同学、国际知名的大声学家白瑞内克（Beranek，1914～ ），就在他的自传中详述了他在当纽约林肯中心的爱乐音乐厅（Philharmonic Hall）的声学顾问时，所遭遇的不白之冤和各种麻烦，以及个中甘苦。

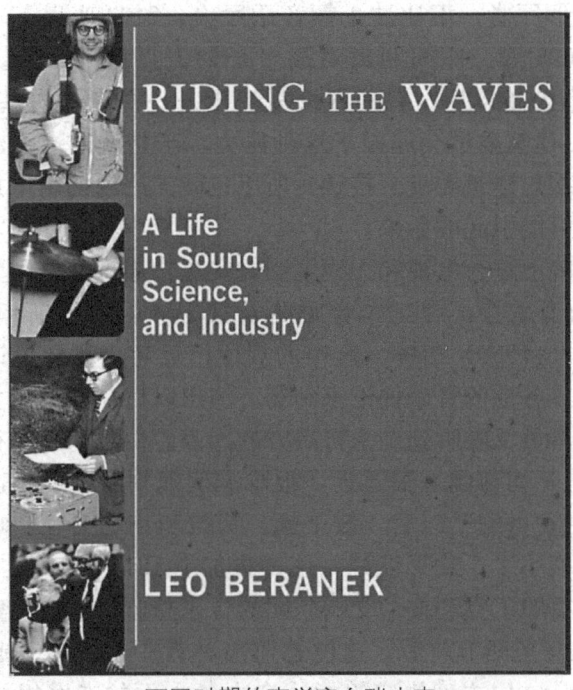

不同时期的声学家白瑞内克

　　白瑞内克是美国BBN（Bolt，Beranek and Newman）公司的创始人之一，BBN在参与了联合国总部大楼的设计工作后，一夜之间声名鹊起。1955年，联合国总部大厦的总设计师哈里森（Harrison，Wallace）就邀请该公司参与纽约林肯中心的设计工作。哈里森的合伙人阿布拉莫维茨（Abramowitz，Max）负责林肯中心的爱乐音乐厅的设计，他就请BBN作为声学顾问。为了能确定林肯中心建筑委员会提出的"厅堂的声学性质与厅堂的尺寸和设计的关系"，白瑞内克就在1955～1962年遍访各国有名的音乐厅54处，还会见了许多著名的指挥家。1959年，他先后拜访了卡拉扬（von Krajan，Herbert，1908～1989）和斯托科夫斯基（Stokowski，Leopold Anton，1882～1977，纽约市交响乐团和纽约爱乐乐团的指挥）。

他们都同意林肯中心复制波士顿音乐厅，只是座位要少一些。从这些访问，以及音乐评论家和观众的反映可以看出，当代交响乐剧目演出，声学效果最好的是鞋盒形大厅，其中观众不超过2400人。在1962年，他还写成了一本书——《音乐声学与建筑学》(Music Acoustics and Architecture)。这样的准备工作，可以说是十分认真细致了。

1959年10月，阿布拉莫维茨提出了一个符合BBN的声学要求的设计：采用鞋盒形厅堂，不比波士顿音乐厅大，2400座以下，因为波士顿音乐厅内设2625座，座间距离对高个子的人显得窄一些。这个设计在"纽约时报"上公布以后，有的报纸就提出来，应像卡内基音乐厅那样，内设2760座。建筑委员会屈服于这种压力，于是就改了。建筑师又不愿意声学顾问直接与建筑委员会接触，所以也就无法说明由增加坐席所带来的一系列改动可能引起的后果。

开幕式的晚上进行电视和无线电同时实况转播。在该厅堂演出了一场超大的交响乐音乐会，有三个合唱队及独唱，由伯恩斯坦（Bernstein, Leonard, 1918～1990）指挥。这样的规模已远超出舞台设计的容量。当时还有来自世界各地的音乐评论家到场。演出以后，评论家普遍认为缺乏低音，有的演奏员反映听到了来自后方的回声。伯恩斯坦谈得最深刻，他说："在舞台上一切都像是很遥远，很难准确地判断音质。这种效果就像是倒着看望远镜一样。"以后，波士顿、费城和克利夫兰交响乐团又分别演出，由于规模小了，效果就好一些。再加上BBN的一位工作人员在工作中由于误会得罪了克利夫兰交响乐团的音乐总监，这位总监就诅咒爱乐音乐厅。1962年圣诞节前后，这位总监与林肯中心主席一起吃饭，就提起这件事。于是这位主席决定组织一个由各方面的专家组成的咨询委员会，研究爱乐音乐厅的问题。后来这件事居然还闹到了美国声学学会，有人竟说白瑞内克能力不够，要取消他的会籍。由此可见建筑声学之路是多么艰难坎坷。

美国声学学会当然不会那样做，1975年授予白瑞内克美国声学学会金质奖章，1994年宣布他为四位在世的名誉会士之一；2003年美国总统乔治·沃克·布什给他颁发国家科学奖章。

第二节　肩负重任　学习声学

1936年马大猷从北大物理系毕业，就面对就业问题。当时他的理想是留校做助教，这不但是当时待遇最高的工作（每月大洋80元），而且自己还可以在应用物理学方面继续钻研。可是，由于他在校期间参加了"一二·九"爱国学生运动，还参加过罢课，为当局所不容，所以没能留校。这本是正义之举，可是国民政府并不容许。自1931年"九一八"事变、日本军国主义侵占我国东三省、国民党政府执行蒋介石的不抵抗政策以来，日本步步紧逼，1932年又在上海发动了"一·二八"事变，国民党政府又提出"一面交涉，一面抵抗"。到了1935年，国民党冀东专员殷汝耕公开投敌，在通州成立冀东防共自治政府。冀察政务委员会也即将成立，北平已在沦亡的边缘。中国人的爱国情怀——国家兴亡、匹夫有责是深入民心的。作为社会中坚的知识青年，自然是义愤填膺，奔走呼号。北平的学生在中国共产党的领导下，发出了救国宣言，喊出了激动人心的呼声：华北之大，已安放不得一张平静的书桌了。这怎么能让素有爱国爱家正义感的马大猷不积极投入这场伟大的爱国学生运动呢？

　　恰好这时清华大学招考留美公费生，物理学方面的专业是电声学（electroacoustics，当时称电音学），这很合乎他的理想，所以他就报考了。后来他还报考了北大物理系研究生和上海中央研究院的研究助理。他想要是都考不上的话，就去中学教书。因为他在北大就读期间，就曾经在进德中学教过高中物理并且他也很喜欢教书。接下来，他先是被北大录取了，对清华的考试不敢抱太大希望，因为当时清华公费留学，是众多学子争相通过的拥挤门径。饶毓泰（1891~1968）教授劝他和虞福春（1914~2003）① 同学到上海中央研究院去，因为他们两个都是他的得意门生。饶毓泰在南开大学物理系的同事顾静徽（1900~1983，中国最早获得博士学位的女学者之一，中国科学院物理研究所原所长施汝为教授的夫人）正在上海中央研究院工作。于是他们两人就去上海中央研究院报到去了。虞分配在应用光学方面，令马很羡慕；马则到顾静徽手下做红外光谱实验。工作了两个月时间，清华来信通知录取了，这令马大猷十分高兴，因为全国每年只有20人被录取。于是，声学的大门向他敞开了。他是中国第一位

---

① 马大猷和虞福春在北大物理系就读期间均为各科平均分数在80分以上、总成绩在330分以上的尖子，都是饶毓泰的得意门生。虞福春在西南联大和北大期间长时间在饶先生身边工作，80年代任北大物理系主任。1951年"三反"运动期间他在作自我检查时，无奈批评了饶先生。在智效民所著的《胡适和他的朋友们》（增补本）一书中，提到这次师生之间的误解时写道"饶毓泰得病是因为他最得意的学生在会上批判了他。批判的理由是他不仅只会教人作研究，而且还说什么清华应该赶上世界水平。批判者认为这全是自私自利"。爱徒此举引起了老师的不快，老师很伤心。因为马大猷和虞福春是同班同学，又都是饶先生的得意门生，况且当时马大猷正在任北大工学院院长，与饶先生同属校领导层，恐引起读者的错觉，误解为马大猷气病了饶先生，特加注释披露真情。请虞福春先生谅解。竺可桢先生是饶先生的老朋友，听说老友身体欠佳，曾前往探望并在日记中有所记载（竺可桢，1989）。

以声学为专业出国的留学生。当时公费生的待遇优厚，每月津贴 100 美元（与美国名校的奖学金相当），出国往返旅费 520 美元，因而吸引了大批学习优秀、家境贫寒的莘莘学子竞相报考。1933～1936 年共举办四届，前三年每届招收 25 名，到 1936 年总共也不过就录取了 93 名。可见要求之高，进阶之难了。到了 1937 年，留美公费生就暂停招生了。

清华大学

第三节　良师指导　精心准备

　　清华规定，留学生出国前要在国内准备一年，以便接受基本训练和了解国外情况。给马大猷安排的导师，一位是北大物理系的朱物华（1902～1998）先生，另一位是清华物理系的任之恭（1906～1995）先生。两位老师都是学有所成、经验丰富的教授。朱物华先生早在 1923 年就以第一名考取了清华留美公费生（庚款留学）。他先后在麻省理工学院（Massachusetls Institute of Technology，MIT）和哈佛大学就读，1926 年在哈佛大学获博士学位。回国前又前往欧洲考察访问，先后去了英国、比利时、法国、瑞士、意大利、奥地利、德国、匈牙利、捷克九国。1927 年回国，1930 年起任唐山交通大学电工学和物理学教授，其间，1933 年河北的一批汉奸，协助日本侵略者在冀东地区建立伪政权，于是他就离开唐山，就任北大物理系教授。任之恭先生 1926 年在清华毕业后，即赴美留学，曾在麻省理工学院和宾夕法尼亚大学攻读电工学和无线电学，1931

年获哈佛大学物理系的哲学博士学位。1934～1937年任清华物理系教授。在两位老师的指导下，马大猷就在北大物理系做出国前的准备工作。因为这里的工作环境和许多老师，都是他熟悉的。

朱物华

任之恭

　　两位导师对他的帮助很大，他始终念念不忘。他本就聪颖好学、勤奋用功，这次能考取清华留美公费生，更让他喜出望外，再加上有这样好的导师指导，所以他的学习和实验都日益精进。在大学时代，他只是在萨本栋所著的《普通物理》里边接触过一些声学知识，而对声学理论和发展则一无所知。好在那时现代声学诞生不久，还很幼稚。在美国赛宾建立建筑声学的时候，由于贝尔（Bell, A.G., 1847～1922）在1876年发明了电话，1877年爱迪生（Edison, T.A., 1847～1931）又发明了碳粒送话器，所以电信事业发展很快，如送受话器的研究、放大器的运用（1904年发明了二极管，1906年发明了三极管），于是电声学也就诞生了。以这两方面的专家为主，1929年组成了美国声学学会，同时出版《美国声学学会会刊》，通称美国声学杂志。马大猷便在两位大师的指导下，通读了美国声学杂志上的论文摘要和一些全文，此外还根据《科学摘要》的物理卷，阅读了一些在其他杂志上发表的有关声学的文章。他不但细心阅读，还认真做了笔记。在此基础上，经过认真思考他写出了一篇综述报告《声学的发展和展望》。在该报告中他概括地论述了当时声学的水平和发展趋势。那时他在声学的发展中看到了两个值得注意的方向。一个方向是声定位器，利用双耳定位原理，根据飞机发出的声音来定出它的位置。因为那时飞机的速度不太快，这种方法是可用的。以后飞机的速度提高了，就又发展出雷达技术。不过在水下探测中，声呐至今还是唯一的利器。另一个方向是语音的频谱分析，这方面后来发展成语言声学，今天变得非常活跃。

透过他所注意的研究方向，我们不难看到他那颗关怀中国命运和抗日救国之心。这两方面都是与军事应用和国计民生有关的。"科学救国"早在中学时代就深入他的思想，成为他的志愿了。

当时在美国，英语语音分析已经在贝尔实验室开始进行。中国的语言学家一直认为语音学是口耳之学，没有用仪器分析过。只有刘复（1891～1931，中国实验语音学的奠基人）20世纪20年代在法国留学时，首先利用浪纹计（kymograph）对汉语声调进行了系统的分析，还发明了声调推断尺，开了中国实验语音学的先河。那时朱物华教授正在研究电信网络的瞬态分析，他有阴极射线示波管和高速摄影机。利用他的设备，马大猷就可以准备进行语音分析了。于是，马大猷又从语言学家罗常培（1899～1958，早期中国语言学界三巨头之一）教授那里借了留声机，买来了电磁拾声器装上。他自己又设计制造了电阻耦合放大器，用以把拾声器输出的信号加到阴极射线管上。有时为了一个特定阻值的电阻，还不得不自己来做。就这样攒成了一个小段语音的波形记录系统，从而记录下不少语音波形。

他根据傅里叶级数分析的算法，在语音波形上读几十个点的幅值，再用一个19位的算盘，算到第24次谐波①，积累了大量的数据。他在计算工作中还发现，每一个点上的幅值都要乘上一个常数，在同一个波中第一点和最后一点所乘的常数是相同的。这样就可以先把两点上的幅值相加，以后再乘上那个常数；两次相乘再相加，就变成了一次相加和一次相乘，24点就可以变成12点，依此类推就可以大大减少计算量。这不就是今天在频谱分析技术中产生革命性变化的快速傅里叶变换（fast Fourier transform，FFT）的原理吗？这只是他当时的思想收获，并没有写出来。不久，"七七"事变发生，学校内迁，所得数据和计算结果连同草稿，都在逃难中丢失了。

在朱物华、任之恭两教授的指导下，他用了9个月的时间，了解了声学的研究动态和发展前景，看到了两个重要发展方向。他对声学定位问题进行了推敲，还在物理讨论会上作了报告；对语音频谱进行分析，自己动手建立设备进行实验，取得了大量的汉语语音分析结果，这使他略通科学研究的门径。此外，他还锻炼了英语口语，与美国大学建立了联系，办好了出国手续，作好了交通安排。

可是，"七七"事变之后，抗日战争爆发，7月底平津沦陷，学校开

---

① 参见萨本栋著《交流电路》，人民出版社，1950，关于 Fisher-Hinnen 谐波分析法。——笔者注

始内迁，原来的各项计划都被打乱了。1937年8月3日，马大猷和清华同学任泽雨结伴，同乘火车离开北平，刚到天津就被日本宪兵扣留了，毫无道理地关了33天。当时日本军国主义分子做贼心虚，害怕学生南下掀起更加广泛的爱国抗日学生运动。他们就在中国横行霸道、毫不讲理。出来后，马大猷找到了清华在天津的临时负责人周培源（1902~1993）教授，报告了情况。周先生指示，学校已迁往长沙，由北大、清华和南开组成了长沙临时大学。于是他又辗转到了长沙，暂住长沙圣经学院（也称湖南圣经学校），等待开学。到长沙后，他便拜见梅贻琦（1889~1962）校长，申请暂不出国，留在国内参加抗日战争。梅校长经过考虑后，决定仍按原计划出国。后来他才得知，早在1935年，华北局势紧张，清华已有迁校准备，已在长沙岳麓山下建起了校舍，只是尚未完工。1936~1937年，周培源教授有一年的学术休假，他去美国普林斯顿高等学术研究院参加爱因斯坦领导的广义相对论讨论班。回国后不久，"七七"事变就爆发了，于是受梅贻琦校长的委托，安排学校南迁事宜，那时正在天津。这令马大猷一直对周培源先生十分钦佩。

第四节 留学美国 初露锋芒

马大猷本来被哈佛大学物理系接收为研究生。吴有训（1897~1977）教授建议他最好去加利福尼亚大学洛杉矶分校物理系，并给他写了推荐信。因为物理系主任努德森（Knudsen, V. O., 1893~1974）是国际上著名的声学权威。吴先生在芝加哥大学（1922~1926）与他同时作毕业论文，对他很了解。这也是希望能够名师出高徒吧。就这样，他凭着吴有训的一封推荐信，从香港登船前往洛杉矶。那时远涉重洋，船走得很慢，到了加利福尼亚大学洛杉矶分校已经是1937年的12月了。

努德森（父母都是北欧人）比吴有训年长，1915年毕业于杨百翰大学（Brigham Young University），毕业后在一所教堂服务三年，其后进入贝尔实验室跟随他在杨百翰大学时的老师弗雷车（Fletcher, Harvey, 1884~1981）一起工作。1922年在芝加哥大学物理系获哲学博士学位，正是这时候他与吴有训同学。他是美国声学学会的创建人之一。1928年7月，他与沃森（Watson, Floyd R., 物理学教授）、瓦特法尔（Waterfall, Wallace, 建筑师）在加利福尼亚的圣莫尼卡（Santa Monica）海滩俱乐部相遇，一起商量要建立一个建筑声学领域的工程师组织，即"美国建筑工程师学会"。在他们征求弗雷车的意见时，弗雷车提出学会的面应当广一

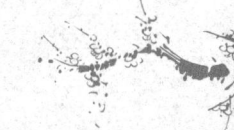

加利福尼亚大学洛杉矶分校

孥德森教授和他的抛物面声反射器

些,不要只限于建筑声学。于是他们就发信联络成立学会。1928年12月27日,一些对声学有兴趣的科学家和工程师,大约40名,在纽约的贝尔实验室一起开会讨论。大家都同意弗雷车的看法,并将这个组织定名为美国声学学会（Acoustical Society of America）。紧接着，在 1929 年 5 月 10～11 日召开了美国声学学会的第一次学术会议，当时有会员 450 名左右。1929～1931 年弗雷车为首任主席，1931～1935 年继任主席。1931 年美国声学学会又与其他几个学会共同组成了美国物理学会（American Institute of Physics）。可见孥德森乃是美国声学界的元老。从 1934 年加利福尼亚大学洛杉矶分校建立研究生院起，他开始担任加利福尼亚大学洛杉矶分校研究生院院长，长达 24 年之久。

马大猷留学时，加利福尼亚大学洛杉矶分校并不太大，历史也不长，人也不多。它成立于 1919 年，在加利福尼亚大学伯克利分校之后，是由一所师范学校改成的。刚成立时称为加利福尼亚大学南方分校（Southern Branch of the University of California），1927 年改称加利福尼亚大学洛杉矶分校（University of California at Los Angeles），直到 1958 年才把"at"改成"，"，写做 University of California, Los Angeles，简称 UCLA。

马大猷到达加利福尼亚大学洛杉矶分校，已经是 1937 年 12 月了，早就过了新生注册时间。可是有了吴有训先生的介绍信，孥德森教授对他很好，给了他一把半通用的钥匙。用这把钥匙可以进各实验室和一些办公室；同时允许他上四年级的声学课和参加实验，到第二学期再注册。后来，还把他介绍给其他同学，并且给他安排了一个题目——颤动回声。回声问题是建筑声学里面令人烦恼又经常遇到的问题。他做实验，进行理论分析，写出了出国后的第一篇论文，但当时还要忙于其他事情，一直到回国以后才将它正式发表。

什么是颤动回声呢？当一个人走在胡同里，或者在密集的高楼群中的两楼之间时，脚步或击掌发出来的声音，听起来同在旷野里跺脚或击掌时的声音完全不一样。在胡同里或高楼间击掌产生的声音听起来具有乐音性质，这就是颤动回声。要弄明白这究竟是怎么回事，就得进行实验，记录声音波形。记录波形马大猷是有经验的，出国前他已经记录分析过语音波形了。可是那时加利福尼亚大学洛杉矶分校没有阴极射线示波管，只能利用检流计式的示波器。其工作原理是，把检流计的两条导线张紧，放在磁场内，当电流通过时，由于两条线内的电流方向相反，就会在磁场内作相反方向的振动。在两条导线上装有的凹面反射镜，也就随之摆动，从而使照射在凹面镜上面又反射回来的光线作同样的摆动。把光线聚焦在感光胶片上，就把波形记录下来了。由此也可以看出来，当时清华和北大，不论在师资和设备条件上，都不比美国的大学差。马大猷出国前在北大就用上阴极射线示波管做实验了。可见中国的物理学前辈们为发展中国现代物理

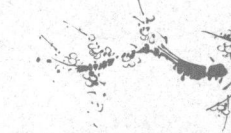

学都是有所贡献的。

从记录下来的波形看,颤动回声原来是一连串独立的脉冲,强度逐渐减小,但不是单调地衰变,而是在衰变中一大一小轮流出现。这清楚地表明,颤动回声就是由脚步或击掌所发出的脉冲声在两个墙面之间往返多次的回声现象。由于墙面反射回来的脉冲声相位有所不同,所以相加以后就有大有小。人听到脉冲声接连(它们之间的间隔很短)而来,听起来就成为有周期的连续乐音了。只不过乐音的基调(周期的倒数)与两墙之间的距离有关。他采用波动声学理论来处理这一问题,作出了明晰的解释。

在实验室里经常和他在一起工作和交谈的有两位师兄。一位是伦纳德(Leonard, R. W.),他的论文已经完成,在做助教,管马大猷的实验课。伦纳德的实验技术很强,颤动回声用的小凹面反射镜装置就是他创造的。另一位是博鲁特(Bolt, R. H., 1911~2002),他和马大猷在一起讨论学问的时间最多,并且也建立起长期友谊。因为博鲁特在中国出生(1911年4月生于北京),他的父亲母亲都是在中国从事医学工作的志愿者,住在清华园。一直到1916年他才返回美国定居在加利福尼亚,因而在感情上就互相感觉比较亲切。博鲁特本来是加利福尼亚大学伯克利分校物理系的博士生,他在大学学的是建筑,对音乐、建筑和声学感兴趣。因为伯克利没有声学设备,所以他就到洛杉矶作研究。这时他已经开始写论文,列出了一个矩形房间内简正波数目的公式,与实际测得的结果符合得比较好。大家都认为这是很突出的成就。因为英国大声学家瑞利曾经给出过一个公式,但是在低频率的时候,声波波长与房间的尺度可以相比时,误差就比较大了。博鲁特改进了瑞利的公式,这自然是一件了不起的事。

马大猷对博鲁特的工作也很欣赏,因而在脑子里就老想这个问题。他觉得博鲁特的公式有些复杂,计算起来也很难,不符合简单性原则。他认为自然规律应当是简单的,西方人也有过一句话:上帝创造世界是按着整数造的。公式的复杂性不时地困扰着他。有一天吃早饭的时候,他突然想出了一个不同的处理方式。他认为在三维空间中的简正波,就是一维简正波的推广。简正频率 f_n(房间的共振频率,每个共振频率就叫做一个简正频率)直接与房间的三个方向的尺度有关,写出公式

$$f_n^2 = (n_x c/2l_x)^2 + (n_y c/2l_y)^2 + (n_z c/2l_z)^2$$

式中,c 是空气中的声速(常温下为340米/秒),下标 x、y、z 分别是三维直角坐标的三个方向,n 是简正频率的阶次,l 是房间的尺度,这很像在欧几里得空间(Euclidian space)中一点 f_n 到原点的距离。这个空间就是房间的简正频率,以 $n_c/2l_x$,$n_y c/2l_y$,$n_z c/2l_z$ 为三维坐标的"频率空

博鲁特在协助孥德森教授测量吸声材料

间"。每个简正频率在此空间中就是一个点，这个点到原点的距离就是频率。房间中所有可能的简正频率，在频率空间中组成三维点阵。这些简正频率点在 x 方向相距 $c/2l_x$，在 y 方向相距 $c/2l_y$，在 z 方向相距 $c/2l_z$，每个频率点占有容积 $c^3/8l_xl_yl_z$。有了这样的物理图景，计算房间中的简正频率数，就变成只要算出来频率空间中有多少频率点了。频率都是正的，所以频率点只存在于正卦限（x，y，z 都是正数的 1/8 空间）。最重要的一点是，马大猷注意到了在计算正卦限的容积时，卦限的三个边界面上的频率点，都只计入了 1/2，而三条轴线上的频率点则只计入了 1/4。既然是这样，那么把少算的容积补上不就行了么？他马上就进行计算，得出了一个公式，即简正波数

$$N=\frac{4\pi V f^3}{3c^3}+\frac{\pi S f^2}{3c^2}+\frac{Lf}{2c}$$

式中，V 是房间容积，S 是房间的总表面积，L 是房间的长宽高长度之和，c 是声速，f 是频率；第二项表示在卦限界面上的简正频率点容积之半，第三项表示在三条轴线上的简正频率点容积的 3/4，一般来说，第三项是不重要的。用这个公式计算得出的结果，与实验数据符合得很好。这个公式简单，物理概念清楚。于是，他就到学校把自己得出的公式和想法跟大家说了。博鲁特认为，这个公式比他的更有用。马大猷就建议，两人合写一篇论文，把两个公式及一些计算结果都包括在内；但是由于博鲁特

要把他的公式写进学位论文,不便联合发表。后来,两人就分别写了论文,都在1938年秋季美国声学学会年会上宣读,并于1939年在美国声学杂志上发表。他的论文题目是"矩形室中低频简正波的分布"(Maa,1939;马大猷,2005)。

青年马大猷

马大猷的公式,从此被认为是波动声学的一个基本公式,还出现在有关波动声学的书中。把他的公式加以微分,还可以求得平均频率 f 在频率范围 Δf 内的简正频率数。以后这个公式,又经著名声学家莫尔斯(Morse, P. M.,1903~1985)加以推广,用球形室和柱形室证明了它可适用于任意形状的房间。

到老年,马大猷在总结科学研究经验时说道:"我们要想在科学上得到一项重大的发明创造,集中精力这一点是绝对必要的。而在具体思索过程中,有的好像有偶然性,但它却是集中思想系统深入研究的结果……当然其中也有一些工作是灵机一动,偶然有一个思想解决这个问题,但不管怎样,都需要精神非常集中地工作。"(马大猷,1988)他就是这样,在出国几个月的时间里,就获得了如此重大的成就。这当然与他的聪明才智有关,但更重要的是他在出国前就受到了名师指点,进行了认真深入的准备,打下了坚实的基础。

在加利福尼亚大学洛杉矶分校,他还与博鲁特合作进行双耳效应的研究。因为这是他出国前就关心的问题——声定位。实验室里有现成的振荡器、耳机等,他又准备了一个控制开关,就开始工作了。博鲁特的夫人史密斯(Smith, Katherine Mary,他们1933年结婚,婚后去欧洲度蜜月,在柏林住了10个月,博鲁特在那里学德语和声学)自愿作为被试。那时她做教员,对声学也有兴趣,挣钱供博鲁特读研究生。他们大家一起工作了好几个星期,企图求出双耳效应与频率、时差等的关系,但由于那时的设备水平不够,没能得到确切的结论,最终只好放弃了。

博鲁特1939年获得加利福尼亚大学伯克利分校物理系哲学博士学位以后,还在麻省理工学院(MIT)进行了一年有关在不同形状的房间内的声传播的研究,此后就长期在MIT做教授,并与白瑞内克共同组织起公司BBN,其中的N是博鲁特的学生纽曼(Newman, R.)。BBN 1962年就提出了大量数据多地间相互存取的计算机网络概念,并在1963年设计出第一个调制解调器,这直接促进了今天的互联网的诞生。作为电子邮件符号的@,也是BBN的一位工作人员提出来的。博鲁特曾任美国国家科学委员会下设的声谱评价委员会的主席,参与过导致尼克松总统下台的"水门丑闻"中的被抹掉的18.5分钟录音的检验工作,曾任美国国家科学基金会的副主任。

到1938年5月底,在美国头6个月,马大猷听了声学、统计力学和量子力学(在北大物理系就读时,就听过吴大猷讲授的量子力学,初入其门)三门课,做了实验,完成了两篇论文(一篇是关于颤动回声的,当时未成文发表;另一篇就是著名论文《矩形室中低频简正波的分布》),还结交了几位长期来往的朋友,颇有收获。这样的效率,他认为首先要归功于朱物华和任之恭两位导师指导有方,其次是加利福尼亚大学亲切的学术氛围。马大猷从此得窥科学之堂奥。

在美国留学期间,马大猷并不是关在房里死读书的书呆子。在洛杉矶,他住在美国人家里,住宿连同早晚饭每月35美元。房东老太对赛马感兴趣,他有时也陪着去,对美国逐渐熟悉。他身在国外,仍不忘苦难中的祖国正在抗日,参加了洛杉矶华侨举办的"一碗饭"运动,为国内募捐,救济战区灾民。

第五节 转学哈佛 再显身手

由于导师孥德森要去欧洲学术休假，所以1938年下学期马大猷就转到哈佛大学物理系。这也是他本来就想去的学校。加利福尼亚大学在西海岸，哈佛大学在东海岸，横跨美国，相距5000多公里，路途遥远，他选择坐长途汽车去那里。当然也有火车可以乘，坐汽车的好处是沿途可以随时下车参观游览。于是他就买了"灰狗"（Grayhound，美国的长途汽车）的车票，托运了行李，轻装旅途。要是一直坐，中途不下车，要走五天五夜。他走一段，就停一停，时间停得较长的是盐湖城、芝加哥和尼亚加拉等。盐湖城是美国摩门教的中心，摩门教的正式名称是后期圣徒的耶稣基督教会（The Church of Jesus Christ of Later-Day Saints，LDS）。它创建于1830年，正是美国第二次大觉醒时期；它既是宗教的团体又是文化的团体。摩门信徒的健康法典是，远离酒精饮料、烟草、咖啡和茶。摩门教徒的家庭关系亲切，世代之间联系紧密。早期摩门教徒有多偶制（一夫多妻或一妻多夫）习俗，在美国东部待不下去，才迁往西部，到1890年就废除了这种制度。有几位著名的声学家，如贝尔实验室著名的弗雷车和曼森，都是摩门教徒。

盐湖城摩门教堂广场（1897年）

在盐湖城有一处著名的摩门教堂，亦称盐湖教堂，其中摩门礼拜堂是国际上享有盛誉的声学上近乎完美的建筑。牧师在讲坛上布道，所有教徒

摩门礼拜堂外景

在建中的摩门礼拜堂

都能听清楚。它始建于 1864 年，建成启用于 1867 年，而整个盐湖教堂从 1853 年破土到 1893 年落成共用了 40 年的时间。当时正是杨百翰（Brigham Young，1801~1877，他有 27 个妻子和 56 个子女）做教会主席（第二任）的时候。土木工程师葛饶（Henry Grow）也是摩门教徒，负责建造礼拜堂。杨百翰提出要建一个椭圆形的大礼拜堂。葛饶曾经建造过瑞明顿（Remington）大桥，善用桁架结构。于是他就设计出一个椭球形的屋顶，长 250 英尺（76.2 米）、宽 150 英尺（45.7 米），采用木材格形桁架结构。木材之间用木栓锁紧，再用生牛皮绑扎，这样生牛皮干了的时

摩门礼拜堂内的桁架结构

摩门礼拜堂中的管风琴

候，结构就更加紧固。房顶上覆盖木瓦片，从空中看下来，整个礼拜堂就像一个巨大的乌龟。整个顶棚是靠44根立在砂岩基石上的立柱支撑的，厅堂里边没有一根柱子。葛饶费了很大工夫才建好这个房顶。整个礼拜堂的平面和立面都是椭圆形的，里面可容7000人（包括唱诗班和楼厅中的人）。2007年进行改建时，加大了坐席间的距离，座位少了1000个。

1867年建成时，将管风琴置于唱诗班坐席上方。礼拜堂的一个焦点处有700支风琴管,现在增至11 623支,是世界上最大的管风琴之一。游客参观时,导游一般都会演示,在讲坛上掉落一根针或撕一张报纸让你听,其声音清晰可辨。马大猷参观了礼拜堂,看了表演,知道这是声焦点的作用。当牧师在位于焦点的讲坛上讲道时,发出去的声音向四外扩散,遇到边界以后就反射回来,向椭圆的另一个焦点集中,整个厅堂就都被覆盖了。从洛杉矶前往波士顿,一路上的见闻给他增加了不少知识,也增加了他对美国和美国人的了解。

马大猷在哈佛大学

哈佛大学是老牌学校,到1937年已经建校300周年,教学和研究力量比加利福尼亚大学强得多。物理系主任桑德斯(Saunders,F.,1887～1963)教授的著作《物理学通论》非常有名,同时他也是研究小提琴声学的专家。皮尔斯(Pierce,G.W.,1872～1956)教授是无线电频率晶体振荡器和水声磁致伸缩换能器的发明人、水声学的前辈,退休后还创立生物声学。恰飞(Chafee,C.)教授是电信系主任、电子管专家。那时哈佛大学物理系与电信系完全合作,共同开课,后来成为应用科学系。

哈佛大学的新生宿舍

哈佛大学的徽章

  马大猷的导师亨特是一位年轻的副教授，那时他才33岁，个子不高，戴着无框眼镜，热情洋溢，总是大步行走，像是赶公共汽车一样，可是体形微胖，已经有些大腹便便了。他的办公室是克拉夫特实验室（Cruft Laboratory）角上的一个大房间，屋里有许多桌子和柜橱。桌子上有许多电路元件和电声设备，研究生们称之为亨特的垃圾，亨特的同事则称之为亨特的宝藏。

  亨特在俄亥俄州立大学获得两个学士学位，一个是文学学士，另一个是电工学学士。1934年亨特在哈佛大学提交了两篇博士学位论文，一份提交给物理系申请哲学博士学位，另一份提交给工科研究生院申请科学博士学位，两篇文章都被接受了。第一篇论文题目是"混响测量中的调频信号"，第二篇题目是"直读式频率计"。他还希望像在俄亥俄州立大学一样，能获得双学位。可是新校长康南特（Conant，J.B.，1893～1978）拒绝了，根据哈佛大学的规定：一人一学位。由于在物理系已通过了口头答

马大猷（左二）在哈佛大学与老师和同学们在一起（右一为白瑞内克）

辩，所以他就只得到了哲学博士学位。不过，到了1945年，康南特校长授予了亨特荣誉科学博士学位，以表彰他战争时期在哈佛创建水声实验室，帮助海军水下作战的功绩。

亨特教授的目标是既做有名的教授又做优秀的工程师；他不知疲倦地工作；他具有乐观主义的精神；他认真深入地处理论文工作中的数据；他在学术报告会上，还会安慰和鼓励那些初次与会、小声怯懦宣读论文的新手。这些优良品质、顽强精神和严谨作风，对他的学生们颇有影响。他有多项发明，诸如直读式频率计（1936年由通用无线电公司生产上市）、5克重的拾音器和指数形折叠喇叭（与白瑞内克一起）等，握有13项专利。他经常参加哈佛大学著名教授每周举行的研讨会。第二次世界大战爆发，1941年他在哈佛大学创建了水声实验室，研究扫描声呐和声学鱼雷。亨特1946～1971年任戈登·麦克凯（Gordon McKay）教授，1953年任茹木佛德（Rumford）物理学教授。他采用苏格拉底（Socrates，公元前469～前399）的教学方法，认为真正的知识萌发自相互对话和问难，并且扬弃那些没经过批判的对知识的断言。他培养了近40名博士，1950年以前就有10名。

亨特曾获多种奖项。1947年获得由杜鲁门总统颁发的总统功勋奖章；1956年美国音频工程学会颁给他柏林人奖；1965年又颁给他波特纪念奖；1969年美国声学学会颁给他金质奖章。他赢得了多种头衔：科学家、教育家、发明家等。

20世纪30年代初，亨特与著名量子物理学家、声学家莫尔斯（Morse, P. M.）和电磁学家、声学家巴若（Barrow, W. L., 1905～1975）是街坊，都住在离麻省理工学院和哈佛大学很近的地方。他们经常在一起讨论声学问题。1936年秋，莫尔斯的专著《振动与声》出版，其中第8章"声音的驻波"对声学界影响很大，是房间声学简正波理论的奠基性著作。亨特立刻把它引进到他的声学课中。亨特敏锐地注意到这一波动声学问题，并对白瑞内克说，莫尔斯关于房间中的声音这一章，还只是理论的并没经过检验。亨特想要探索这个新理论的局限和实际应用，这正是他教学理念的体现。于是就请白瑞内克同他一起来做。白瑞内克本是电信系的研究生，那时他已经成为亨特的研究助手。他们决定在一个矩形的房间模型中探索声学材料。因为亨特早在他的博士论文工作中，就对如何准确测量混响的问题进行了深入的研究。他设计制造了一套精确测量声音在房间中衰减曲线的设备。他采用啭音（warble tone，一种低频频率调制信号）来减小房间中声衰减曲线的偏差，并得出结论：这种偏差是高度重复的，并且与传声器和扬声器在房间中的位置，以及声源的频率有关。他确定了啭音调制频率的范围。因而他们轻车熟路，检验莫尔斯的驻波理论，取得了显著的进展。亨特还在美国声学杂志上发表了文章——《房间声学研究》。

1939年2月新学期开始的时候，他们要把工作再推进一步，在一个实际的房间里进行测量。这时马大猷已经来到哈佛大学半年多了。亨特和白瑞内克他们采用简正波方法来研究房间中的声衰变，需要简正频率分布的数据，于是就邀请马大猷参加他们的工作。白瑞内克在他的自传中，记载了这件事："在杰弗逊物理实验室（Jefferson Physics Laboratory）有一间混凝土的房子很合适，尺寸为20英尺×14英尺×8英尺。我们开始让所有的墙面都是光的，接下来把一面墙用吸声材料全盖起来，确定声场是如何变化的。数学计算是很复杂的。所幸马（大猷）加入了我们的研究团队，他在帮助发展理论和进行计算方面起很大作用。"（Leo Beranek, 2008）

在房间中各种简正波的衰变并不完全相同，当入射波的方向不同时，反射率就要改变，每次反射经过的时间或距离也要变，反射率较大时二者互相补偿。但当声波作掠入射（入射波接近与表面平行）时，关系就不同了。这样就要根据简正波的入射情况，加以分类统计。各类简正波的数目，乘以该类简正波被激发的比例，然后再乘以相应的衰变函数，加到一起就是整个声场的衰变公式。马大猷经过计算还得出了斜入射和掠入射的吸声系数，以及墙面声纳对简正频率的影响。

他们一直紧张地工作到5月末，白瑞内克说，他累死了。亨特打算发表一篇文章。白瑞内克认为，亨特会以他本人为作者，而把白瑞内克和马（大猷）写在感谢里边。当白瑞内克听到亨特说，他要把白瑞内克和马大猷的名字和他的名字写在一起时，白瑞内克在日记中写道："只有天知道，我会感谢他这样做。"文章先在1939年美国声学学会举行的"吸声系数测量和声吸收的应用讨论会"上宣读，后来在美国声学杂志上发表（Hunt et al., 1939）。声学界普遍认为，这是继赛宾之后，建筑声学发展的里程碑。建筑声学的先驱孥德森教授也曾说，一直困扰着吸声系数测量的一些难题，非到赛宾的近似定律被更可靠的定律代替的时候才能解决。莫尔斯、亨特、白瑞内克和马大猷，以及一些欧洲的研究人员，对这个新的必要的理论作出了重要贡献。从莫尔斯的房间中的驻波到亨特、白瑞内克和马大猷的矩形房间中的声衰变波动理论，建筑声学开始了一个轰轰烈烈的发展时期，他们也都成为简正波理论的奠基人。70年以后，马大猷在不断完善建筑声学理论的基础上，对莫尔斯的经典公式提出了批评改进意见，详见第五章。

与此同时，马大猷在哈佛大学还学习了声学理论和电子学理论；完成了三人合作的声衰变分析的论文以后，被授予硕士学位；此外还通过了德语和法语考试，以及准予开始博士工作的初步考试。第二学年只有少数课程，他就把主要精力用在作博士论文上。他把已经取得的成果进一步发展。因为他已经熟悉了简正波的分类统计和不同入射波的吸声系数计算，所以他便将其应用于矩形房间中的非均匀边界情况，更接近实际问题。1940年5月，他写出了论文《矩形室中的非均匀声学边界》（Maa, 1939; 1940; 马大猷, 2005）。在这期间，他还参加了两次美国声学学会的年会，报告了他的简正频率分布和声场衍射的论文。由于清华公费只给两年，这让他无法在哈佛完成学业，所以他就在期限届满之前（1939年1月18日）给校长梅贻琦写了一封信。信中写道："兹以两年期限将满，盼继一年，以竟未完成之工作，并将得机会入电声仪器之工厂，取得实际经验，特此呈请于公费期限延长一年。"（姚雅欣等，2006）终于得到了半年的资助，因在抗战期间公费打了九折。幸而在第二学年他得到了哈佛大学的奖学

金，补足后半年的费用，才得以安心地毕业并取得了重大的成就。

1940年6月，白瑞内克和马大猷同时完成学位论文工作，在毕业典礼上被授予博士学位。毕业典礼很隆重，有学位的人和将得到学位的人都"按品大装"，穿上相应门类的学士服、博士服等黑袍子，再戴上方帽子（都是租来的），有学位的人帽子上的飘带在左边，将得到学位的人则在右边。典礼开始后，校长用拉丁文致辞，学生代表用拉丁文致答词，然后授予学位。获得学位的人把帽子上的飘带移到左边，毕业仪式就完成了。马大猷是物理系的，和文理学院的毕业生一起，被授予哲学博士学位（PhD.），准予今后进行高深学术探讨；白瑞内克是电信系的，和工学院的人一起，被授予科学博士学位（D.S.），准予今后以所学知识造福人类。

马大猷在哈佛大学获哲学博士学位（1940年）

在哈佛大学，像马大猷这样用两年的时间获得博士学位的几乎没有先例。这更显示出他的聪明才智和勤奋努力，以及朱、任两导师领导入门的功效。他认为，哈佛大学那种轻松、认真的学术氛围和同学之间切磋、启

马大猷和师兄白瑞内克获得博士学位以后相互祝贺（1940年）

发的鼓舞作用，也是个人发展的重要因素。直到8年以后，另一位中国学者，逻辑学家、数学家、哲学家王浩（1921～1995），也用两年时间，在哈佛大学取得了博士学位。不过王浩那时是西南联大哲学研究所的研究生，已经在西南联大取得了硕士学位。王浩认为，西南联大的硕士水平很高，和美国的博士差不多。

马大猷虽然完成了论文，获得了博士学位，但是他认为，博士论文工作是他所有研究工作中很不满意的一项。因为他认为一项研究成果应该简单明了，易于处理和应用，才有学术意义和实用价值。而他的毕业论文工作，在理论上是大量复杂的数学运算，结果也非常复杂，不容易应用于实际。当然这也是由课题性质决定的，对室内衍射问题，至今仍没有简单的处理方法。他曾对笔者说过，他更喜欢的工作，还是在洛杉矶完成的矩形房间中的简正波分布。

马大猷在哈佛大学期间除了紧张的学习和研究工作之外，还是有一些时间去参加轻松愉快的活动的。他和白瑞内克差不多每个周末都坐地铁前往波士顿的唐人街，在广东餐馆里用餐。白瑞内克学习使用筷子和品尝中国菜，自然也免不了谈天说地。很显然，他们也讨论过人生哲学问题。因为在白瑞内克的传记里记述着，马大猷回国后，曾给他寄去了一部《四

书》，并且还附了一张便笺。便笺上写道：现在你该知道孔子都说了些什么。在暑假期间，白瑞内克去老皮尔斯教授的乡间别墅，帮助他做实验，马大猷也与他同行，去了一天。早些时候皮尔斯教授发明用方块石英放在抛物面聚光镜焦点上，直接利用压电现象收发超声波。以前他曾经在物理系的讨论会上演示过，用语音来调制可以传到百米以外，作通信用。老皮尔斯还雇了两位新博士，在别墅用这个设备接收昆虫的叫声，进行研究，由此建立了生物声学。

这一年物理系主任桑德斯（Frederick Saunders，1887～1963）也退休了，以全部精力去研究小提琴。他与席冷（Schelleng, J. C.）、哈琴丝（Hutchins, C. M.）在 1963 年还组织了一个猫肠线声学学会（Catgut Acoustical Society，这是一个弦乐器之友的学术组织，专门研究弦乐器的制造和音质问题，出版学术刊物），对小提琴的研究和发展起了很大作用。这个学会至今还很活跃。

马大猷在西南联大期间还曾邀请白瑞内克到中国讲学，由于时局关系，他未能成行。在相隔 40 年之后，中国开始了改革开放的新局面，科学的春天到来之时，1979 年两位老朋友终于在北京相会。白瑞内克参加了中国物理学会声学专业委员会召开的第二届全国声学学术会议，他还在会上作了学术报告。

1979 年，马大猷夫妇宴请白瑞内克夫妇（后排右马晓非，左马晓斌）

分别40年后再次相聚,马大猷与老同学白瑞内克在书房中交谈

第三章　学有所成　教育救国

第一节　获得博士　踏上归途

　　1940年，中国抗日已近三年，马大猷的母亲和妹妹还被困在沦陷区。在哈佛大学学业结束获得博士学位后，他已经归心似箭了。毕业后，白瑞内克被学校聘为初级研究员，任期三年（相当于现在的博士后），工资很高，年薪2500美元（研究生奖学金每年只有1200美元）。白瑞内克建议分一部分钱给马大猷，让他留在实验室，做他想要做的研究工作。他谢绝了，他决定投身于教育事业，因为他的几位老师——饶毓泰、朱物华、任之恭，都仍坚持在西南联大任教。

　　其实他在毕业前就早有准备，已经烦请老同学虞福春在昆明为母亲和妹妹找好了房子。马母携两个女儿先于他从北平启程，利用马大猷撙节下来寄回家维持生活的美金（马大猷大约每月寄给母亲10美元，老太太攒起来一直没舍得花），通过中国旅行社买好了从北平到香港的车船票。马母虽然十分节俭，可是母女长途跋涉，为了安全起见，船票买的都是头等舱。从北平先到塘沽，再由塘沽上船，经上海到达香港，之后再从香港出发，经越南（当时叫安南）的海防再转到河内，从河内还要乘火车通过滇越铁路最后到达昆明。一路上的艰辛困苦不难想象，即使对于年轻人来说，这也是一趟不简单的旅程了，何况是一位年长的母亲带着两个年少的女儿，那个困难劲儿就更不用说了。所幸虞福春（这时他已在西南联大任教）已经为她们租下了一间房子，所以她们比马大猷早一个多月在昆明安顿下来。当然一切家事用具又得从新操办，马母自然不能免其劳，真是茹苦含辛。

 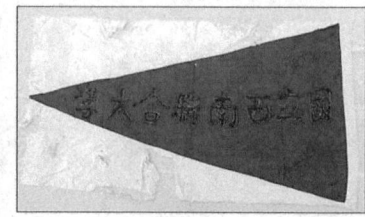 

西南联大校门（左）、校旗（中）、校徽（右）

1940年6月刚刚参加完毕业典礼获得博士学位以后，马大猷便踏上了回国之途。他先把行李（主要是书籍）办理好托运，然后就乘火车向西海岸出发。仍然像坐汽车一样，一段一段地走走停停。有两位同学同行，他们先到耶鲁大学拜访赵元任先生（1892～1982）——语言学大师、清华国学院四大导师之一，在他家里小住一夜。他家是音乐家庭，有各种乐器，几乎每个人都善于唱歌和演奏。他们享受了久违了的家庭的温暖，长久不能忘怀。他们还去看望了因病住院的颜福庆（1882～1970）先生，他患了胃癌做了手术，以后又工作了很多年。颜福庆是医学教育家、公共卫生学家，曾先后创建湖南湘雅医学专门学校（湖南医科大学前身）、第四中山大学医学院（上海医科大学前身）、中山医院等，他还是中华医学会的创始人之一。颜先生与马大猷并不相熟，可能是与马同行者的老师。

他们又从耶鲁去了纽约，那时纽约正在开世界博览会，规模很大，世界上的最新技术都有展览。让马大猷最感兴趣的是语音合成器。这是贝尔实验室研究多年的、模拟人的发音器官的仪器，称为 voder（由 voice operating demonstrator 缩拼而成），第一次面向公众表演。它是由一位贝尔实验室的工程师达德利（Dudley, H., 1896～1987）发明的，它很像一架电子琴。声源有两种：一种是间歇振荡产生周期信号，模拟声带振动发出的嗓音；另一种是噪声，模拟声带不振动发的音。键盘上有10个键，用来控制共振电路，模拟口腔变化以形成不同的语音。另有腕杆，用来改变振荡频率，以达到语调变化，还有踏板用来控制音强。一位女秘书经过相当长时间（约一年）的训练，才能"演奏"出可以听懂的话，但句子都不能太长。这个展览引起很大的轰动。今天在信息技术领域里，正引起人们注意研究发展的语音合成和文语转换技术，以及声码器（vocoder，由 voice coder 缩拼而成）技术，都是从那个简单设备发展起来的。马大猷还很想到贝尔实验室去参观，没来得及安排，两位负责人只与他交换交换意见，请他吃了一顿饭而已，很是遗憾。

下一站去了辛辛那提，在那里参观了第一代的钢丝录音机，他们管它叫"声镜"，意思就是，录音机将自己说的话记录下来，再放出来自己就会听到。可见，马大猷利用各种机会，在美国参观学习，接触社会，既增长了知识又获得了实际体验。这也是他渊博知识的一个重要来源。

最后来到旧金山，他尊师重道，自然不忘去 UCLA 看望老师努德森教授，然后从旧金山上船回到香港，再经由越南回到昆明。一路上并不寂寞，遇到好几位归国留学生，大家都希望赶快回到祖国，为抗日战争作一

点贡献。

值得特别一提的是,他归国时还带回了一台低压汞弧灯。当时吴大猷教授为纪念北大成立40周年而写成国际上很有影响的专著《多原子分子之结构及其振动光谱》,之后他开展拉曼光谱研究。吴先生和青年教师利用由北平运到昆明的光学元件,组装成一台大型摄谱仪。因陋就简,仪器只能安装在砖墩木架上,马大猷带回来的汞弧灯就成了这台摄谱仪的重要配件(西南联合大学北京校友会,2006),为开展光谱研究作出了贡献。

第二节 西南联大最年轻的教授

马大猷于1940年8月回到昆明,任清华和西南联大电机系副教授,两年后提升为教授。那时西南联大著名教授云集,马大猷只有27岁,是最年轻的。在课堂上,有的学生的年纪和他差不多。这表示校方对他在国外的成就及归国后的业绩的认同。电机系分电信、电力两组,前三年课程基本相同。他教电工原理、电子学等三门课,每学期都有课。后来1945年又教授物理系的无线电课程。

马大猷(右三)在西南联大

1940年,他从美国回来的时候,刚满25岁,正满腔热情,希望为抗日战争一展所长。在现代战争中,通信是军队的神经系统,对调兵遣将、运筹帷幄十分重要。他所学的电子学、电信网络、电声学等按说都是可以派上用场的，但是军事和工业部门，没有任何人来找他，真是英雄无用武之地。后来看到在美国时的一位同学朱兰成，他是在麻省理工学院学电波、天线的，以美军上校身份来昆明检查美军的通信系统时，马大猷很失望。为什么国民党政府就这样不重视国内的知识分子呢。

马大猷当时曾经去过有线电厂，希望为他们提供帮助，但是他们提不出任何研究课题。对所生产的电话机，也只是照图生产，并不知道其中的工作原理和质量要求。他对他们的最大帮助，就是从头讲解电声学，后来还写了一本讲义《电声仪器》。当时昆明的工厂很多，有无线电厂、机械厂、光学厂等，水平都相似，被美国人戏称为玩具工厂。

由于日本侵华活动愈演愈烈，内迁人口突然增加，昆明的物价也随之飞涨。自抗日战争以来，物价涨了300倍，可是西南联大的教职员工的工薪，却只增加了5倍，以致教师、学生的生活每况愈下。他刚到昆明时，工资300元，有时还要打折扣。随着物价加速上涨，到后来每月工资只合大洋8元，月初发的工资，到月末就买不到东西了，大家不断提出抗议。一度曾发放"公米"，按家庭人口每人两斗，那时他家有四口人，可是妹妹不算直系亲属，所以他只得四斗米。米里还净是砂子、稗子，要拿去碾，剩下来也就只有三斗半了。当时在校生有近1800名，在大食堂也吃这种米，大家都管它叫"八宝饭"，谷、糠、秕、稗、石、砂、鼠屎及霉味合称八宝。一般人不但在领这种"公米"时要受到管事人的刁难，去碾米也不是一件容易的事。从粮仓领出来的米，还要雇车运输到碾米厂。到了碾米厂，人多排队，拥挤不堪。以致年长的一些教授也不得不受苦受累，浪费时间，为了生活忍辱负重。这不能不让人想到，古人陶侃不为五斗米折腰的轶事。国学大师陈寅恪，他是少数部聘教授之一，虽有中央研究院的兼职，但生活照样困苦不堪。他曾有诗描述当时的生活情景："日食万钱难下箸，月支双俸尚忧贫。"后来公教人员只能自我保护，寻觅兼职、变卖衣物乃至买卖银元，以维持生计。历史学家吴晗（1909～1969）不但挎着篮子去买菜（马母常在菜市上遇到他），而且最后为了生计也不得不把心爱的明史藏书，让给云南大学图书馆。大名鼎鼎的闻一多（1899～1946）教授，1944年也只能靠公开挂牌治印来贴补家用。除了物价飞涨导致生活困难外，社会治安也令人担忧。马大猷的导师任之恭教授住在郊外，1943年的一天，任教授下课以后天色已晚，在回家的路上，不幸遇上了两个国民党的散兵，他们不但抢走了任先生的自行车和为家里买的一袋面，还把他绑起来，弄得任先生只能倒背双手走回了家。

学生更是艰难，不但买不起原版书，连影印的也买不起，只好旧书辗

转相让,每到期末这成了同学间必办的大事。有的同学在有项目的老师门下兼差;有的同学就去教家馆。节衣缩食成了每个人的习惯。

在这样艰难困苦的岁月里,中国知识分子炽烈的爱国热忱和强烈的事业追求,在西南联大的师生中却更加坚定。他们胸怀抗日救国之壮志,秉承民主、科学之精神,在"刚毅坚卓"校训的鼓舞下,不断地出成果,出人才,成为中国最好的大学,这就是中华民族之魂哪!

马大猷这时仍不忘声学研究。首先他把他研究生时导师孥德森交给他的题目——"颤动回声的研究"重新加以处理。他采用波动声学的方法,处理这一问题,得到了满意的结果,整理成文,1941年在美国声学杂志上发表;继而又写出了《电、力、声系统普用抗性原理》,这是对力、电、声类比的推广,1943年在美国无线电工程师学会杂志上发表(Maa,1939;马大猷,2005)。1943年他被选为美国声学学会会士(fellow),他不但是第一位中国会士,而且现在在美国声学界也是老资格会士了。

在哈佛大学留学期间,他就利用哈佛大学物理系和电信系联合教学研究的有利条件(这也是当时美国声学界主要的发展方向),同时学习了物理和通信这两方面的课程。在大学二年级他就通读了倪尚达的《无线电学》,在哈佛大学又得到了进一步提高的机会,这使他不单成为声学家,同时也成为无线电专家。美国早在20世纪20年代,就开始注意用统计方法研究语言。1923年美国学者杜威(Dewey, G.)的专著《英语语音的相对频率》出版了,这对语音通信研究很有用处。它可用于通信系统的语音清晰度实验用音节表和词表的设计。马大猷回国时带回了这本书。于是他自己身体力行,开始对普通话(当时称国语)的声母、韵母和声调进行统计分析。他分析了汉语的特性、语音的转变,并进行了统计分析。他的统计取样原则是,日常应用的言语,包括鼓儿词、游记、讲演和话剧中的对话。由于那时只有一个人手工进行统计,词汇量不可能太大。他得出了声母、韵母和声调的出现频率;还给出了汉语10个元音的出现频率。在中国这是对汉语最早的统计分析,留下了这一历史时期有关汉语的重要数据。统计结果于1941年11月17日写成论文,在北京大学研究院文科研究所论文集上发表(马大猷,1941;2005;Maa, 1939)。1961年在中国科学院电子学研究所,他又领导了一次大规模的汉语统计分析工作。虽然那时仍然是手工操作,可是动员了30多人,统计语料有70多万个单词、100多万个字。将两次的统计结果相对照,语音出现的频率竟然相差不多。这说明语音系统的相对稳定性。

他还想为抗日战争出力,根据墨子在《备穴》中借助陶罂来监听声源的概念，设计了一种低频声波接收器——地听器，希望把它埋在地下，用来监听日本军队的活动。这种陶罂也叫听瓮，是一种大腹小口的罐子。把它埋在地下，再蒙上一层薄皮，像鼓面一样可以振动发声。把耳朵靠近皮面就可以听出周围的动静。如有必要，还可以让有经验的听音人，坐在罐里边来听辨，这叫做"罂听"。可是，他的工作并未受到当局的注意。直到 20 世纪 60 年代，由于核爆炸侦查的需要，他才把这一概念加以发展，指导中国科学院声学研究所的研究人员，成功研制电容次声接收器，用于检测大气层核爆炸和地震波，从而建立了中国的次声学研究。

西南联大工学院曾与资源委员会合作进行专题研究，由资源委员会拟出专题，并拨一定的研究经费，各系教师根据自己的专长和兴趣选题，进行研究。尽管当时工业基础很差，学校的研究设施、图书仪表有限，教师们的教学任务又颇为繁重，可是教师们还是竭尽全力地开展研究。在电机工程方面，马大猷和唐统一完成了"电压稳定法"研究；马大猷的"建筑中声音之涨落现象"还得到了教育部的学术奖励。到了抗日战争后期，大家都寄希望于胜利以后的国家建设，针对国家发展应用来作研究。他在 1943 年作了"无线电收发机之测验"，1944 年作了"电声仪器"研究，1945 年又作了"无线电调频"等研究。

在艰苦的工作条件下，马大猷一直坚持教学与研究。由于时局关系，1943 年中国物理学会第十一次年会仍分区举行，共有 6 个区。马大猷在昆明区参加了年会，并发表了四篇论文：《由声衰减求声阻抗率的方法》、《热噪声和粒射效应》、《桐油的介质特性》和《磁铁的测量》。全区有 44 人与会，发表论文 29 篇。马大猷有四篇论文，算是多产的了。可见当时他多么努力地工作。

马大猷是西南联大最年轻的教授，同时也是教学任务最多的教授之一。西南联大这座学术的殿堂、民主的堡垒，正适合他从哈佛大学获得的教育理念。西南联大所具有的学术民主、兼容并包的精神，以及严格要求、重视实际的学风，也使这位年轻的教授得以茁壮成长。他刚登上西南联大讲台的时候，往下一看，有不少学生的胡子比他还长。但是他给学生们的印象却是，态度严肃、思路清楚、分析严密、要求严格。在薪酬那样微薄的艰苦年代里，他尽可能保持衣冠整齐，体面有礼。在礼节上他是比较讲究的，颇有英国绅士风度。当然这也让学生们感觉他太严肃，而不敢接近他。他的这种风度一直保持到老。20 世纪 80 年代，他同自己的学生一起去法国参加国际声学会议，会议期间他还提醒他的学生着正装，说："你已经是教授了，穿西装要打领带。"但是，他并不讲派头，摆架子。童

诗白教授回忆说,他生活简朴,西南联大时住在望苍楼前院大约10平方米的小屋里,室内陈设只有床、书桌、书架和盥洗用具而已。他有时饿了就吃一点饼干。

他讲课思路开阔、系统性强、善于启发,再加上他那标准的普通话,抑扬顿挫,很有吸引力,深受学生们的赞赏。他讲课的特色是,从来不带讲稿,只有几张卡片。可是他一讲起来,条理清晰,板书规整,常可以满黑板地推导公式,学生记笔记也就比较容易。听他讲课真是如沐春风。

清华著名教授童诗白在回忆他在西南联大就读时说,他选的第一门课就是马大猷讲授的"电工原理",考题通常有两道,一道是基本题,用来考查学生对这一阶段讲授的重点内容的掌握程度;另一道是提高题,用来判断学生的思维能力。他认为马先生这样做,既可以及时了解教学效果,又可以提高助教的业务水平。童教授至今难忘马先生教的"实用电子学"那门课,期末考试时竟然得到马先生轻易不肯给的90分,这激发了他在电子学领域继续钻研的意向(中国科学院声学研究所和北京大学工学院校友,1998)。中国科学院院士、北大无线电系主任吴全德教授也说,西南联大的教学很严格,每星期天上午都安排小考。考试科目由教授们协商,具体工作有辅导老师主持,包括出题、监考、改卷等。"电工原理"第一次小考,主考人是马世雄老师。听老同学说,第一次小考是很难及格的。这叫"下马威",目的是要学生以后好好学习。学生都带着紧张的心情进考场,9点准时开始,12点以前必须交卷。考试结果不出所料,只有极少数人及格。"电工原理"考试很难及格,在整个西南联大也是出了名的(西南联合大学北京校友会,2006)。

中国工程院院士、清华电子系吴佑寿教授对在西南联大期间的记述更加详细:"电机系的课程很重,大学四年总共需取得140~148学分,才能毕业。我上电机系二年级时,第一门主修课程就是马先生的'电工原理'。这是踏入电机系的第一个门槛,过不了这个门槛就要转系。'电工原理'这门课不容易学好,马老师的要求也很严格,这是大家都知道的。但是他的课讲得非常好,也是我们每个同学所向往的。如果按照他讲的内容,一字不漏地记下来,则笔记就是一本很好的讲义或教科书。总之,大家听'电工原理'这门课都很专心,听得懂,记得住。马教授也总是提醒我们,不要读死书,要多看几本参考书,还要多做习题,提高分析问题和解决问题的能力。电机系电信组的三门重要课程:电工原理、电子学和电信网络,都是马老师讲授的。在马老师的教导和严格督促下,我总算是顺利通过电机系这个高门槛,也为后来的学习和工作打下很好的基础。"(中国科

学院声学研究所和北京大学工学院校友，1998）

除了繁重的教学任务、热爱的研究工作以外，马大猷还和几位同事，如华罗庚、余瑞璜、汤佩松、崔芝兰等，在一起商量组织一个"科学励进会"。每个月聚会一次，轮流讲解自己的研究心得，以互相鼓励，这样活动了好几年。那时虽然西南联大本部在昆明大西门，工学院在城东南拓东路，可是昆明城很小，步行穿过全城也只需半小时，同事们往来都靠步行。到了1945年日本投降以后，各方面变动很大，就活动不起来了。

马大猷为人正直，爱憎分明，堪称学生的榜样，也深受学生们的爱戴。抗日战争胜利以后，要求停止内战、建立民主联合政府的呼声高涨。1945年11月25日晚，昆明学联在西南联大召开反内战的时事讨论会，有6000多人参加。一批著名教授，如闻一多、吴晗等，也都到会，钱端升、费孝通等教授发表演说。国民党政府派兵包围会场，还有特务在会场内捣乱，这引起了师生们的愤慨。第二天便有30 000学生宣布总罢课；100多个宣传队上街宣传，遭到国民党特务的殴打和追捕。1945年12月1日，大批国民党特务和军队，围攻西南联大和云南大学等学校，有人还向西南联大师范学院投掷了手榴弹，炸死四人——西南联大的李鲁连和潘琰（女，共产党员）、昆华工校学生张华昌、南青中学教师于再（共产党员）；炸伤60余人，造成了震惊中外的"一二·一"惨案。

当国民党特务到西南联大工学院捣乱的时候，马大猷为保护学生和学校，不顾个人安危，挺身而出，遭到特务人员的袭击。吴全德曾在工学院经历这一事件，详述当时的经过："12月1日上午，国民党特务大批出动，攻击联大的各教学区。各教学区和宿舍区均已紧闭大门并由学生把守。工学院所在的迤西会馆也受到特务人员的袭击捣乱。马大猷先生闻讯后，立刻赶到大门，严厉斥责对方，声称他是联大工学院的负责人，这里是教学重地，对方应立即离去。没有人性的特务与马先生发生口角，并动手打了马先生。在场的学生人人（奋）不顾身，一面保护马先生，一面与特务厮打。其中有一位学生立即跑到离迤西会（馆）不远的工学院宿舍报讯，并要求同学立刻去救援，我也去了。待我到达时，特务们都已离去……在场的同学告诉我们，马先生的眼镜被打坏，脸部有些轻伤，不算严重，已回宿舍。他需要休息，不要派人去慰问。大家对马大猷先生为保护教学环境和师生安全挺身而出的正义行为，甚为敬佩，而且永远留在心中。等我们回到宿舍后，不久就得知，这次特务们在袭击大西门师范学院教学区时使用了手榴弹，已有几位同学牺牲。"（中国科学院声学研究所和北京大学工学院校友，1998）

西南联大电机系师生合影（前排右三马大猷）

1946年4月24日，西南联大第372次常务委员会决议，加聘马大猷、吴柳生、胡志彬、黄子清、汤佩松、杨西孟、叶楷、庄前鼎、冯文潜、孙云铸、孙承谔、吴达元为本校联合迁移委员会委员（西南联合大学北京校友，2006）。在西南联大复员期间，马大猷负责仪器装箱运回北平，工作中和助教们闹了小别扭，曾说出"助教是employee（雇员），叫来就来叫走就走"的气话，给他们留下了深刻的记忆（西南联大《除夕副刊》编者，2010）。

第三节 从年轻教授到工学院院长

在西南联大期间，马大猷和同事们经常议论：改变中国工业落后状态，必须要培养能深入理解技术和有解决问题能力的工程师。日本的侵略更突出了工程教育的重要性。大家认为，当时北京大学有文、理、法三院，如以理学院为基础，理工结合，颇有可能办成水平较高的工学院。1946年西南联大结束，北京大学、清华大学、南开大学三校复员，工学院回归清华大学。在西南联大时,马大猷属于清华大学;这时北京大学邀请他筹备工学院工作,文、理学院各系全力支持。

马大猷对工程教育是有一套新理念的,曾在《独立时论集》上发表文章。他认为:"工程师和技师不同,只知道一些成法使工程按部就班地进行是不够的,他也有责任促使工业发展进步,改良现在的方法,设计新的方法,以增加生产和工作的效率和范围。尤其重要的,他须有本领解决随时发生的问题……科学的进步是不等人的,新的问题时时发生,不能应付新的环境,不久便要落伍。俗话说得好,师傅领进门,修行在个人。这个门在工程界就是基本科学的训练。工程学事实上就是应用科学,要希望在应用科学上获得成就,必须对自然科学中的现象、理论和方法有透彻的了解。基本科学的训练主要的目的是,使学者获得一个工具,使他知道如何去应付一个问题。"(马大猷,1947)这些话是他60多年前说的,对我们今天不也还是很适用吗?

他对工科学校的知识面和课程设置,也有独到的看法。他说:"有了好的根底以后,在专门训练上也应该特别考虑。在工业发达的国家里,学校可以不必重视太专门的学识。学生毕业后在工厂里实习一年所得到的专门知识绝不是学校所能给的。一个学生即使在毕业时对实际情形一无所知,到工厂去两三年后也就成了经验丰富的专家了。""我国有句俗话:三句话不离本行,这充分表明了今日工科学生的情形。他们除了本行外,对国家情形、社会状态,以及一般问题都缺乏兴趣和知识。这种情形并不是我国所独有的,最近美国哈佛大学康南特校长提倡职业教育的'人道化',就是针对这种情形而发的。现在工程教育的最大缺点是功课太忙,学生没有时间去咀嚼消化他所学的东西,更无暇顾到其他'外务'了。这种情形是危险的,一方面限制了工科学生的造就,另一方面也使他们不能享受人生兴趣,只会机械式地做一些工作。尤其重要的是,限制了他们的思考力和辨别力的发展,很容易以耳为目,受别人的影响。这在事业上和社会上都会产生不良的反应。要想改良这种情形,我们必须在学校课程中,给他们一些时间自由思考,同时使他对人文科学(包括社会科学、文学等)发生兴趣;选习几门课程,保持和其他同学和先生接触等,都是增广兴趣范围的有效方法。一个工程师的兴趣狭隘,对他个人固然是苦闷的事,对国家社会也是损失,这是我们不得不注意的。"(马大猷,1947)他还有一句名言:如果讲教育不讲教育质量,就失去发展教育的意义了。这是多么深刻的见识,即使在正在进行教育改革的今天,也十分值得重视。

到了晚年,他尽管专职进行科学研究,但仍不忘关注教育事业。20

贺东阳中学九十校庆

教书育人
任重道远

马大猷敬题
2002 03 07

马大猷的教育观

世纪80年代改革开放以后，中共中央作出《关于科学技术体制改革的决定》和《关于教育体制改革的决定》，他受到鼓舞和振奋。他认为，新中国成立30多年以来，教育事业和科学事业有巨大的发展，取得了辉煌的成绩，许多情况是旧中国时代不可想象的。但是，毋庸讳言，无论从普及方面或提高方面，教育和科学水平还大大落后于时代，与国家建设的要求也相差很远。他说："教育与科学系统的基本任务是为国家现代化建设培养出大量合格人才和提供高科学水平，出人才，出成果，首先是质量问题、水平问题。""两个《决定》奠定了今后教育和科学事业稳定发展的基础。"他以国内外发展科学和教育的许多具体例证，提出他对"稳定地发展教育事业和科学事业"（马大猷，1985）和"努力办好各级学校"的具体建议。

1946年北京大学在沙滩原址复校。复校后第三次行政会议（1946年8月22日下午5时召开）议决设立工学院，傅斯年、江泽涵、郑华炽、马大猷、孙承谔任筹备委员，由傅斯年召集，马大猷分工负责具体教务工作。第六次行政会议决定，工学院设机械和电机两个系，修业年限5年，培养目标为有独立研究能力的工程师。1946年经教育部批准，那时大学入学考试已过，工学院便在北平、南京考区补招新生，电机、机械两系共录取新生176名，实际报到140名。1946年11月，北京大学工学院新生在沙滩红楼报到注册，12月在沙滩校本部正式入学上课。

北京大学工学院的同学们在读时在端王府工学院大门前

北京大学工学院的同学们退休后在北大红楼前

抗日战争胜利后，北京大学复员时，由于蒋梦麟校长已任国民政府行

政院秘书长,不能再出长北京大学,教育部部长朱家骅便致电胡适,请其就任北京大学校长,并于1945年9月6日在报上发表声明:胡适任北京大学校长。胡适到任前由傅斯年代理。1946年7月胡适才从美国回来,8月16日他主持召开北京大学第一次行政会议;在以后的一个月之内,竟召开了十几次这样的会议,讨论和研究北京大学的院系新建制,以及教师聘请等问题。其实胡适在回国前,早就开始对如何办好北京大学作准备,并与在美华人学者联络,听取他们的建议。在上海中国新公学时期,他与中国物理学界耆宿饶毓泰教授,既是前后班级同学又有师生之谊。1908年胡适在中国新公学曾教过饶毓泰、杨杏佛、张奚若英语。所以胡饶之间曾有书信来往,商讨有关办好北京大学事宜。饶毓泰还推荐了一批人才,希望胡适聘请他们为北大教授。当时他提到的有张文裕、彭桓武、张宗燧、钱学森、郭永怀、黄昆等人,并建议聘钱学森为工学院院长,马大猷主持电机系。饶毓泰还把钱学森写的《工程科学系之目的及组织大纲(草案)》寄给胡适。胡适对此非常高兴,很快回信给饶毓泰,决定聘钱学森为工学院院长,并请饶再约定物理系及工学院人才(白吉庵,1993)。由于钱学森已与加州理工学院有约在先,所以不能就任。1946年1月2日胡适在日记中写道,"钱学森先生来信:现在加省理工航空系任事,与校方约定一两年后回国。故北大如定明春开办工学院,则学森无参加可能"。后来,1947年9月6日,胡适在日记中还记载:"朱(家骅)部长在北平时曾委托本人邀请钱学森博士出长交通大学,唯因钱氏不克分身,并未答允,钱氏年轻,学识丰富。"

随后北京大学行政会议决定新设农学院、工学院和医学院;胡适以校长名义聘请汤用彤为文学院院长,饶毓泰为理学院院长,周炳琳为法学院院长,马文昭为医学院院长,俞大绂为农学院院长,马大猷为工学院院长;樊际昌为教务长,陈雪屏(其后贺麟)为训导长,郑天挺为总务长。1946年马大猷只有31岁,是最年轻的院长。这一方面说明,那时校长胡适不拘一格,任用人才,这也是北大的优良传统;另一方面也表明,马大猷确实能力出众,品学兼优。现在总算是厘清了发生在"文化大革命"中诬陷马大猷的一桩公案:一名乘"文化大革命"之机,企图打击报复他的小人,散布他与胡适关系密切,说他是胡适儿子的家庭教师,因而才当上了工学院院长。当时他是有口难辩也不容许他辩。"文化大革命"之后,笔者就此事曾当面问过马大猷。他说,他与胡适并不熟识,更谈不上做胡家的家庭教师。至于饶先生曾向胡适举荐钱学森做工学院院长、马大猷做电机系主任的事,他自己也是不知情的,也未见他在任何场合谈到过。这是很自然的,作为一位涵养高尚的老师,饶先生怎会公开他奖掖得意门生的事哪。

1947年7月16日教育部训令,"决定将国立北洋大学北平分部拨交北大接受办理。所有该分部的校舍、设备、经费、员工名额及学生均应于8月1日移交北大接收"。胡适在其日记中特别提到:"今天(指1947年8月1日)北大接收北洋大学工学部(北平工学院)……今早9点至9点半,我作生平第一次在国内的广播。"这样北京大学工学院的校址才确定在端王府(原北平大学工学院旧址)。1946年首届入学的学生,自1947年暑假后,就迁到端王府去上课了。但是一年级新生,基础理论课程仍然都在北京大学沙滩校部上,以后高年级的课程,才到端王府上。马大猷对学生们说,工学院不能离理学院太远,这样才有选修理学院课程的便利条件。北京大学校领导,还曾有将海公府(在东四二条)也纳入北京大学的计划。

原北洋大学北平部的机械、电机、土木、建筑和化学5个系的学生学制仍为4年,新成立的北京大学工学院学制为5年。这样的安排是工学院筹备委员会各位教授,参照发达国家(美国、英国、德国各国)工科教育的经验和发展趋势,以及马大猷在美国留学的切身体验所制定的。马大猷在哈佛大学期间,物理系和电信系联合办学。物理系毕业的学生可以胜任通信领域的工作;同样电信系毕业的学生也能从事声学方面的工作。麻省理工学院更是如此,理科和工科紧密结合,他们都是5年制。所以北京大学工学院首届学生定为5年制。到了1949年新中国成立以后,国家百废待兴,急需建设人才,为了适应当时的形势,修订了学生培养计划,但是仍然坚持理工并重的教育方针。由于国家急需技术人员,北京大学工学院还办过两年制的专修科,有水力发电专修科和农田水利专修科等。从1946年建院到1952年全国院系调整,北京大学工学院共有6年招收本科新生。工学院一年级新生,在沙滩校本部上课。基础理论课请理学院的名教授担任,文科基础课则请文学院老师来教。在这里既学习了基础知识,又受到了北京大学光荣传统的熏陶。高年级的课程,就转到端王府去上了。关于这样的安排,还有一段故事。清华大学自动化系教授郑学坚回忆在北京大学工学院就读时与马大猷第一次见面的情形,说:"我是1946年考入北京大学工学院电机系的……我当时曾作为工学院的代表,参加1947年北平市暑期学生助学运动委员会宣传部的工作……当时留校的同学认为北洋平部与北大本部不在一块,不利于接受北大的民主与科学的熏陶;其校舍又简陋,设备落后。北洋平部一旦被接管,很难再有发展。要求派代表去见马先生,表达大家的意见。因此,大家

让我去见马先生。这是我第一次与马先生接触。我见到马先生，将大家的意见如实表达。马先生认真听取之后，表示理解大家的想法。但是，接管北洋平部的命令来自教育部，是不好不执行的。我说，要是有学生发表反对意见，是否可以向教育部反映。马先生认为如是这样，他就只好辞职了。最后马先生让我转告同学们，以后一年级入学的学生仍在沙滩学习，可以接受北大的民主与科学的熏陶，接受北大人治学态度的精神教育。在二年级到端王府夹道的北大工学院之后，还可以经常与北大本部有联系，学生自治会是统一的，教师也是由北大本部安排的。至于校舍简陋、设备落后的问题是可以逐步解决的。""这次见面，马先生给我的印象是，态度和蔼，说理服人。真是为人师表的风范。"（中国科学院声学研究所和北京大学工学院校友，1998；郑学坚，1998）

马大猷认为，工学院院长主要应致力于课程安排和延揽高水平、有经验的教授，使学生打好基础，熟悉技术发展。电机系由马大猷兼任系主任，课程设置充分体现了他的工科教育的理念，任课教师也都选聘一流名师。具体安排如下：

普通物理	饶毓泰（北京大学物理系，部聘教授）
	马大猷（北京大学物理系）
普通化学	孙承谔（北京大学化学系）
	张龙翔（北京大学化学系）
微积分	栾汝书（清华大学）
	江泽涵（北京大学数学系）
	王寿仁（北京大学数学系）
投影几何	苗仲华（北京大学，后去云南纸烟厂及昆明工学院）
高等微积分	王寿仁
工程数学	余谦六（国立西北工学院，部聘教授，北京大学）
微分方程	刘开祥（北京大学数学系）
工程力学	钱伟长（清华大学力学系）
材料力学	王俊奎（清华大学机械系）
热力学及热工学	赵广增（北京大学物理系）
电工原理	马大猷（北京大学物理系）
机动学	孟庆基（清华大学机械系）
机械制图	董树屏（清华大学机械系）
电机原理	钟式模（清华大学电机系）
电磁测量	唐统一（清华大学电机系）

高等电磁学	马大猷
电子学	马大猷
电波学	马大猷
电话学	胡筠（北京大学电机系）
电信网络	闵乃大（清华大学电机系）
无线电概论	孟昭英（清华大学物理系）
交流电路	余谦六

在加强理论教育的同时，注重理论联系实际的训练。他从昆明请来留学德国、熟悉德国培养方法的优秀工程师苗仲华（北京大学聘为副教授）开工程制图课，并聘其为重组的北京大学工学院筹备委员会委员。马大猷一直感到抱歉的是，第一年安排课程太重，对制图课的分量估计不足，增加了同学们的负担，也使苗先生不快，没能发挥他的所长。苗仲华在北京大学工学院机械系教投影几何与工程制图，不但教课认真，而且批改作业也十分严格，达不到要求要重做。加之他讲课时云贵口音较重，学生成绩平平，部分学生恐遭淘汰，就在期考前酝酿罢考。马大猷得知后，便告诫学生说，苗先生是内燃机专家，你们这样做，北京大学就会失去一位良师，殊为可惜。最终苗仲华还是离开了北京大学，返回家乡去了云南纸烟厂。当时烟厂在外国进口烟的挤压下，生产很不景气。苗仲华临危受命，将原来生产的"重九"牌香烟重新设计包装，更名为"大重九"，打开了市场，挽救了云烟。此后他任教于昆明工学院。

马大猷对实验室建设十分重视，他认为培养工科学生不能光靠书本，必须让他们掌握实验技术，具有动手能力。在当时学校经费紧缺的情况下，工学院除购置必要的精密仪器外，主要靠自己动手，设计制作教学设备。在电机系助教高景德（后来的清华大学校长）、蒋仁渊（北京大学校长蒋梦麟之子）的带领下，年轻教师到处选购二手设备和各种零部件，自己组装设备、检修仪表。不久，不但建成了电机和电信实验室，还建起了自己的广播电台，基本满足了教学实验的需要。马大猷还亲自出面，向有关部门争取到了在美国密苏里军舰上接受日本投降时用的"九头鸟"扩音器。后来，中华人民共和国举行开国大典时，这套系统就成为天安门广场的扩音设备，更增加了它的历史价值。

最让学生们敬佩难忘的是，马大猷在肩负紧张建设工学院重任的同时，还亲自开几门课。经过在西南联大执教期间的锤炼、对教学内容的钻研、教学经验的积累，这时他的授课艺术已达到炉火纯青的程度了。他讲起课来依然不带讲稿，从容不迫，旁征博引，深入浅出，概念清晰，引人

入胜;说出话来快慢有度,语调抑扬,重点讲解的地方总会引起学生的注意。有时还常常举一些浅显易懂的例子,以加深学生的理解和记忆。比如,在讲述电子热运动时,他说,把电灯泡用墨涂黑,用手抚摸涂黑处会有轻微的触电感,可证实受热电子逸出。在公式推导过程中,常会遇到一些四则运算,他也总是不慌不忙地即兴心算,然后写到黑板上去。他不照本宣科但要求学生记笔记;学生听课后根据条理清楚的笔记,去查参考书自学,就都能融会贯通了。有时他讲的内容,课本上是没有的,所以不去查参考书是不行的。除此之外,他还不忘记原来在西南联大电机系复员到清华大学的学生,继续在清华大学兼课,为三年级讲电子学,为四年级讲电信网络。可以想象,他该有多么忙碌,真是能者多劳。

电机系组织学生到石景山参观发电厂,他也与学生同去。厂里工程师问他一些技术问题,他都给予解答。这些工程师都很感谢和佩服马大猷。他还支持学生们办系刊,为此他写了短文,讲他如何用铅笔将电路图直接画在纸上,如何利用石墨的导电性构成电路。北京大学工学院建院几年共有毕业生 2000 余名(包括原北洋工学院学生),他们都在不同的工作领域为国家建设作出了重要贡献,不少人已成国家栋梁,有些人至今还在为社会作贡献,这都是他们母校培育的结果。

北京大学兴办工学院的时期,也正是民主革命风起云涌,"反饥饿、反内战"呼声遍起的年代。1946 年 12 月 24 日圣诞前夜,北京大学先修班 19 岁女生沈崇(清朝重臣沈葆桢的玄孙女)在王府井附近行走时,被两名美军海军陆战队大兵劫持到东单操场蹂躏强奸。这自然激起中国人的义愤,引起北平学生的抗暴运动,并迅速波及全国。1946 年 12 月 30 日,1 万多名学生进行了全市的抗暴大游行。抗暴运动得到了广大教授的同情和支持,他们纷纷站出来仗义执言。北京大学袁翰青、吴恩裕、费青、沈从文、周炳琳、闻家驷、马大猷、朱光潜等 48 位教授发表了致美驻华大使司徒雷登的《抗议书》,要求美国政府赔偿被害人之损失,对犯罪之士兵要绳之以法,并保证以后绝不能再有类似事件在中国任何地方发生。

到了 1947 年,国民党统治区通货膨胀,物价飞涨,民不聊生。4 月底,南京中央大学教授提出比照物价指数给教师发薪金和提高教育经费的要求;学生的伙食费按照原定标准也无以为继。向国民党政府请愿得不到结果,就是在呼吁请愿的期间里,物价也涨了好几倍。5 月 14 日,清华大学校长梅贻琦也主持召开了平津国立大学校长座谈会,决议电请国民政府将各院校经费最低限度增加 6 倍,同样也石沉大海。这不能不激怒各院校的师生们。南京的师生们决定,在 5 月 20 日国民参政会开幕时联合请愿，并向全国九大城市的大学发出电报要求一致行动。南京各大学的学生与上海、苏州和杭州的学生代表在游行请愿的时候遭到了国民党军警的阻拦和袭击，造成了"五·二〇"惨案。同一天北平也有大专学校7000多名学生上街游行，在全国迅速形成了一个"五·二〇"运动。毛泽东认为，这是继国民党进犯军与人民解放军的军事战线之外，新开辟的第二战线，即伟大正义的学生运动与蒋介石政府之间的尖锐斗争。

北京大学、清华大学的教授们积极支持学生的爱国运动。钱端生、周炳琳、马大猷等102人发表了《为反内战远动告政府书》。在国民党政府统治时代，站出来为学生说话，是要冒极大风险的。可是，马大猷爱国从不后人，在这两次对当时社会很有影响的活动中，他都勇敢坚定地站出来，维护民主和正义，充分显示出他作为先进知识分子的高度社会责任感。

北京大学工学院的学生们

从胡适的日记中也可看出当时教授们的生存状态。1947年9月23日，他写道："北大开教授会，到了教授约百人。我做了三个半钟头的主席，回家来心里颇悲观：这样的校长真不值得做！大家谈的、想的，都是吃饭。向达先生说的更使我生气。他说：'我们今天愁的是明天的生活，哪

有工夫去想 10 年、20 年的计划？10 年 20 年之后，我们这些人都死完了！'"

第四节　晚婚得子　共享天伦

王荣和女士（云南洱源人，白族）本与马大猷在昆明期间就已相识，因为当时她与马妹利铭在云南大学医学院是同学。她常到马家去与利铭同学相会，马大猷有时也参加她们的郊游活动，于是两个人就熟了。王荣和很钦佩这位年轻有为的教授，在不断地交往中，感情也越来越深。可是，马大猷一心扑在事业上，王荣和也忙于自己的学业。直到抗日战争胜利，北京大学工学院创建以后，1947 年 8 月 1 日两人才完婚建立家庭。准备结婚时，马大猷在金店里看中了一枚带喜字的金戒指，准备买下送给王荣和女士作为纪念。可是，询价以后一摸口袋只有百十块钱；钱不够，于是只好量力而行，订购了一枚单薄的金戒指，作为纪念。王先生十分珍惜地保存至今，成为两人 60 多年来琴瑟相合、互敬互爱的见证。可见，在旧中国那样的社会条件下，即使是工学院院长也只是一个十足的 poor professor（既贫困又可怜的教授）。当时（1946 年），马大猷的工资是 540 元，他的老师饶毓泰的工资是 600 元，一个助教的工资是 130～140 元。

马大猷夫妇和子女

从昆明回到北平，他们一家仍然住在以前潮州会馆的旧居。一段时间以后，他们才分到了北京大学的教员宿舍，住进了景山东边的中老胡同32号大院。他们的住房就在一进大门的右手边，北边对面就是闻家驷的住宅。这座大院本是清光绪皇帝的爱妃珍妃娘家礼部左侍郎长叙的老宅。北平沦陷后，就被日本人给霸占了。抗日战争胜利以后北京大学复员，急需宿舍安排教师员工居住，校方与当局几经交涉，才得到了这所"敌产"大院。

中老胡同位于景山东街东侧，北大红楼西边，向北一走就是京师大学堂旧址。这里实在是北大教授们颇为理想的居所。这所大院先后居住过30多户，包括文学院、理学院、法学院和工学院的院长，以及训导长、教务长和很多系主任等名人。马家一直在此住到全国院系调整，以后马大猷赴任哈尔滨工业大学（哈工大）教务长，全家就迁往哈尔滨了。

1948年，长子马晓非出生。马晓非，美国密歇根大学博士，1990年成为惠普公司在中国第一个研发小组的成员，后为安捷伦前锋电子科技（成都）公司研发经理。1953年马大猷又得一女，名晓斌，她毕业于北京中医药大学，现在中国中医研究院从事药理学研究，也是学有所成。这样，马大猷上有老母下有子女，组成了一个三代同堂、美满幸福的家庭。马大猷侍母至孝，老母每有小恙必定侍奉床前。"文化大革命"期间，那时供应困难，马母病了，马大猷便亲自为老太太烤制蛋糕。可是他的手艺不精，烤出来的蛋糕都有些糊。可是马母吃了十分高兴，得到了会心的安慰。自从有了孙子孙女，马母非常高兴，对他们十分疼爱。孙子孙女也在这样良好的家教下知书达理，对奶奶极为关怀孝敬。一家人其乐融融。

20世纪50年代初马大猷和女儿马晓斌

王荣和为了马大猷在科学和教育领域的发展,不惜牺牲个人的事业,总是追随他而调动工作。直到晚年从中国中医研究院离休以后,马大猷外出参加学术活动,她也总是陪侍左右。她不但是马大猷的贤内助,还是他的健康守护神。这使马大猷直到90岁,还能够组织或参加许多在外地举行的全国性学术活动。

1948年,北京大学成立50周年,学校出版纪念文集。他便将简正波理论用到电磁波的传播和衰减的分析上,写成了 Free Wave Theory of Wave Guides(《波导的行波理论》)和 Attenuation in a Wave Guide(《波导中的衰减》)两篇文章(北京大学1948年12月17日出版,Semi-centennial Papers on Engineering:16-33,34-42)。这时国民党政府的统治已是岌岌可危,人民解放军已兵临城下,北平就要解放了。

1951年,马大猷(二排右五)参加西南土地改革第一团川南队

正当北京大学工学院蒸蒸日上、不断发展的时候,1952年全国开始进行院系调整,学习苏联的办学模式。1952年4月16日,全国工学院调整方案公布,北京大学定为综合性大学;清华大学定为多科性工业大学;新组建石油、航空、钢铁、矿业、邮电等专科性学院。北京大学的机械、电机、土木、建筑四个系的师生,以及燕京大学工科方面各系,调整到清华大学;化工系师生合并到由北洋大学改成的天津大学。清华大学的文学院、理学院、法学院,以及燕京大学的文、理、法方面各系并入北京大

学。自此北京大学离开了著名的沙滩红楼，迁入西郊燕京大学的燕园。北京大学工学院告别了端王府，融汇于清华大学和天津大学。马大猷也于1952年调任哈尔滨工业大学教务长，服从国家的安排，举家前往哈尔滨。

北京大学工学院校友聚会

校友们怀念北京大学工学院和老师马大猷

第四章 向科学进军 奠基中国现代声学

第一节 短暂的默默无闻

1952年全国高等学校进行院系调整，学习苏联的教育模式。北京大学工学院的机械、电机、土木、建筑四系师生调整到清华大学，化工系并入天津大学（原北洋大学）。马大猷调任哈尔滨工业大学教务长。哈尔滨工业大学前身为哈尔滨中俄工业学校，由中东铁路管理局创办于1920年，主要为中东铁路培养技术干部，采用苏联的教育模式。1928年定名哈尔滨工业大学。1950年中共中央电告东北局：中长铁路已决定将哈尔滨工业大学交给中国政府管理。当时教师当中只有中国籍教师24人，另有苏联侨民120人。1951年第一批苏联专家进入哈尔滨工业大学，提出建议：将原来为铁路培养技术人才的专科学校，改造为培养重工业高级技术人才的多学科工业大学。1952年院系调整后，哈尔滨工业大学保留了3个系13个专业：机械系有6个专业，电机系有3个专业，土木建筑系有4个专业。

哈尔滨工业大学由中国政府接管后，与中国人民大学一起，分别被确定为学习苏联先进教学经验的重点工科大学和文科大学。苏联也陆续派一些专家到哈尔滨工业大学来，他们当中也不乏一些还没有取得博士学位的年轻人。在"一边倒，倒向苏联"的政策影响下，大家只能唯苏联专家马首是瞻。马大猷作为教务长在工作上也多有掣肘，自然也就很难发挥他在北京大学工学院期间的办学理念和积极作用了。

马大猷是一位不甘寂寞的学者，他对工程教育早就有深刻的见解，又有在北京大学工学院6年办学的成功经验，直到老年他仍十分关心国家的教育改革，写了多篇办好各级教育的具体意见。就任哈尔滨工业大学教务长初期，他也是踌躇满志想要大干一番的，夫人也调转了工作随同前往，后来把老母也接到寒冷的哈尔滨。可是在哈尔滨工业大学的3年间，在他的个人回忆和哈尔滨工业大学的有关文献中，没见到他有什么建树，这是值得我们深思的问题。

马大猷（左四）主持哈尔滨工业大学研究生论文答辩

1953年哈尔滨工农速成中学改为哈尔滨工业大学附设工农速成中学，为了使这些学生都能考上大学，校方决定让马大猷负责工农速成中学的工作。他在北京大学工学院也办过短期培训班，自然很有经验。此外，他还与武汉大学调来的讲师俞大光（后任电工教研室主任，中国工程院院士）开电工基础课程，并审校了俞大光等翻译的苏联克鲁格教授的《电工原理》。这本书写得很好，内容广泛，理论严谨。在当时国内缺乏这方面教材的情况下，这本书对电工基础教学帮助很大。这可以说是他在哈尔滨工业大学期间数得出的成就了。

1954年他当选为第二届全国政协委员。由于哈尔滨工业大学那时主要培养重工业方面的人才，机械制造和土木建筑是重点，这就和他的专长不对口了。加之教育部规定教学与科研分离，这与他的设想差距很大。于是他在1955年毛泽东主席号召"向科学进军"[①]时请求归队，做声学研究工作。

第二节 参与制订"12年科学技术发展规划"

1955年对于马大猷来说是至关重要的一年，也是他全面开拓中国现

---

① 马大猷在个人回忆中称，1955年毛泽东主席号召"向科学进军"，因而提出归队的要求。"向科学进军"的口号是党中央在1956年提出来的，笔者认为，马的说法或记忆有误，或是一种托词，故本书存疑。——笔者注

代声学的新起点。领导同意他归队做研究工作,将其调入中国科学院应用物理研究所(后改称物理研究所),另外他还当选为第一批中国科学院学部委员(今天的院士),时年40岁,是最年轻的学部委员之一(此外黄昆为36岁)。从此,他便踏上了在中国创建现代声学事业的康庄大道。

他把这一年看成他的第二次转折。他曾在《转折》一文中(马大猷,1999)这样讲述他经历的三次重大转折。他说:"我读书的时候是,'毕业就是失业';我教书的时候更是,'毕业就是失业'……随着中华人民共和国的成立,百废俱兴,国家经济建设需要大量的人才,教育形式彻底改观。不但学生毕业不失业,反而供不应求。这是我经历的第一个转折……正好1955年毛主席号召向科学进军[①],我深有所感,遂提出'归队'要求,回到20年前曾工作过的物理研究所做了一名研究员。在各方面热情、积极的支持下,很快就开展了久违的声学研究工作,这是我的第二个转折点……1975年对于我来说是第三个转折点。这时,老干部、'资产阶级学术权威'都批够了,又造出莫须有的'五一六',把很多青年也批判一番,几乎人人情绪低落……不久,'四人帮'被打倒了,科学的春天来了。"第一次转折是全国人民的大转折,是中国从战乱走向和平、从灾难走向幸福的大转折。对于马大猷来说,他考取清华大学留美公费生,成为中国第一位声学专业的留学生,进而在学术上取得辉煌成就,这是他没有提到的他人生的更大转折。他从此步入科学殿堂,历史性地肩负起发展中国现代声学的使命,把毕生奉献给从科教救国到科教兴国的伟大事业。

他来到中国科学院应用物理研究所以后,便立即着手建立声学实验室。当时在中国,虽然物理教科书中也都提到声学,但是现代声学还完全没有建立起来,更没有专门的声学实验室。于是他提出了开展现代声学研究的计划书。在计划书中,他论述了现代声学的发展与电子学和无线电技术的关系,进而指出它广阔的应用和发展前景。计划书中还列出了第一个五年计划内的基本任务:培养干部,建立物质基础(实验室、参考资料),以及进行基本声学数据(中国语音、音乐的特性,各种建筑材料的性能等)的测量和实际问题的研究。计划书中还提出了具体发展步骤和要求。他要求:①将长春机电研究所"超音波探伤"小组全部人员及图书设备,调来(北京)作为声学研究室的基础;②1956~1957年,招物理专业及无线电专业毕业的研究生共3人;③在本年(1955年)内提出1956年的

---

① "向科学进军"的号召,是在1956年1月中共中央召开的全国知识分子问题会议上提出来的。——笔者注

国外订货……④在1956年内拨（给）实验室200平方米（新建或改装都可以，具体要求在本年内设计好提出），本年内先给工作室；⑤订杂志6种（附名单）并补过期，购买书籍（详单另提）；⑥争取苏联科学院帮助：本年11月去民主德国参加广播会议路过莫斯科时到（苏联）声学研究所参观访问一次，请（科学）院里预先介绍。

他所提的丹麦B&K公司生产的声学仪器近30种（约6万元），杂志图书等都得到满足，两三个月就都订来了。1956年年初，应用物理研究所还派来助手吕如榆（1955年毕业于复旦大学物理系）。所需要的一些资料，在应用物理研究所的图书馆也都能找到，一切都很顺利。

1956年是中国科学开始大发展的一年，其历史大背景是1954年国家计划委员会决定制订"国民经济十五年（1953～1967）计划"。中国科学院决定协助国家计划委员会制订计划，并在1954年8月向国家计划委员会、文化教育委员会报送了《关于国民经济建设长期计划意见的报告》。1955年1月，中国科学院院长顾问、苏联专家柯夫达（В.А.Ковда）草拟了《关于规划和组织中华人民共和国全国性的科学研究工作的一些办法》，建议中国组织规划全国的科学研究工作，编制科学发展远景规划，以解决国民经济五年计划中提出的最重要问题。1955年9月15日中国科学院第39次院务常务会议讨论通过了"关于制订中国科学院15年远景规划的指示"。1956年在中国科学技术发展史上是值得大书特书的一年。国民经济的大发展，在旧中国贫穷落后的工农业基础上，对科学技术提出了日益增长的需求，从而产生了科学技术大发展的推动力。这就决定了此后编制12年科学技术发展远景规划的指导方针和编制原则。

20世纪50年代，中国的经济建设需要大发展，要发展经济建设就离不开科学技术，掌握科学技术的人都是知识分子。共产党党内对知识分子又有着很不相同的看法。因而如何正确地对待知识分子，发挥他们在经济建设中的积极作用，就成为当时需要迫切解决的问题。1956年1月14日，周恩来代表党中央作了"关于知识分子问题的报告"，批评了党内对知识分子的宗派主义情绪，作出了知识分子是工人阶级一部分的英明论断；同时指出：科学是关系到我们的国防、经济和文化各方面的决定性因素；吹响了"向科学进军"的号角；为制订科学技术发展远景规划发出了动员令。

1956年1月23日～2月11日，在中国科学院约有360名科学家参加拟订了中国科学院远景规划初稿。这项工作为后来的12年科学技术发展远景规划打下了良好的基础。马大猷参加了这项工作，他参加了物理学中的无线电物理学和电子物理学部分（有孟昭英、马大猷和陈芳允），以及

声学部分（马大猷）。当时对在这两个领域的国内外研究力量的估计如下：无线电电子学方面，在美国单是副博士以上水平的人员，约有 5000 人，中国科学院仅有高级研究人员 11 人，院外人员不多；声学方面，美国约有 2000 人，中国科学院只有 2 人。可见当时中国在这两个领域与先进国家的差距有多大。该规划初稿中提出了先成立电子学研究所再成立声学研究所的规划。实际上，老一辈物理学家、中国科学院副院长吴有训早在 1952 年就嘱托陈芳允筹建电子学研究所；1953 年钱三强回国后建立原子能研究所，他也认识到无线电电子学对原子能研究的重要性，于是由陈芳允领导的电子学研究所筹备处就在原子能研究所成为一个研究室[①]。

1956 年 1 月 31 日，国务院召开制订 12 年科学技术发展远景规划的动员大会，李富春作了"关于制定科学技术远景规划问题的报告"，提出了规划的基本内容和要求：①建立重要的、急需的空白和薄弱学科；②需要进行综合性研究的重大问题；③在国民经济方面和科学技术发展方面需要研究的中心问题；④各部门在当前和不久的将来在实际生产中和基本建设中需要解决的较大的科学技术问题。

1956 年 2 月，马大猷正式提出了《关于发展声学研究工作的意见》（马大猷，1956），这是他上一次为在应用物理研究所建立声学实验室向中国科学院所提报告的发展，因而写得就更为详细和具体了。在新的大好形势之下，他才有机会大展宏图。他在意见中说明，声学是一门既古老而又年轻的学科，声学是比较接近技术的，它与国防和工业的关系十分密切。世界上各国声学工作者，无线电专业出身的比物理学专业出身的要多。他提出了声学研究的主要内容和发展方向。①物理声学，这是声学的基础部分。②建筑声学，能够真正对室内声音的传播过程和特性加以了解和控制，是从 20 世纪初开始的，还有必要进一步深入研究。除混响时间之外，有些概念，如方向性扩散、清晰度、相关系数等，还需要作大量的理论和实验研究才能得出结论。物质传声特性的理论和测量，以及隔声隔振装置的设计，是需要大大发展的一个方面。鉴于中国已经有许多工厂生产吸声材料，对吸声材料的理论研究和特性测量有特殊意义。③超声学，由于在许多方面有广泛应用，它是近年来声学中发展最快的一部分。他以苏联的超声探伤工作为例，进一步指出，超声学是一个很重要并且正在发展的学科。超声波频率很高，因此在超声波振动中，即使位移很小，加速度也是非常大的，这在工业上可有许多应用（如清洗、加工），必须加以注意。

---

① 中国科学院 60 年，"中国科学院与两弹一星"，人物介绍：陈芳允。

④水声学，它是和超声学同时诞生的，法国物理学家郎之万（Langevin，1872～1946）1918 年制成石英压电振荡器，将其作为超声源在水中实验，探求搜索敌人潜艇的方法。现在这方面的技术已有极大的发展，水声探测的效力不亚于探测敌人飞机的雷达设备。利用水下超声波通信也完全可靠。因此进行水声学研究对巩固国防意义很大。⑤语言、音乐和听觉的研究。进行语言和音乐的声学研究，不但对语言和音乐本身很重要，对建筑声学和电信通路（包括广播和电影）也非常重要，因此有极大的实际意义。当时他就注意到"语言和音乐的模拟（电乐器）"，也就是今天得到广泛应用的语音合成和电子音乐。在听觉方面应注意中国人的听阈测量，听觉和声音的物理量（频率、强度、波形等）的关系，掩蔽和失聪，助听设备、噪声对人工作和健康的影响等问题。⑥电声学，主要内容是电声仪器（传声器、扬声器、耳机、电话机、助听器、录音设备、水声发射和接收器、地震接收器等）的原理、设计、试制、测量和改进。电声系统的研究同广播系统的建立和发展、室内室外扩音系统的改进，有非常密切的关系。

接着他又分析了国内外声学研究的现状，详述了苏联科学院声学研究所和美国的声学研究中心的人员构成及他们的学术活动情况。他指出，国内声学方面的人才很少，其中有可能领导研究工作的人更少，这几个人分散在各地，现在也基本上没有进行研究工作。为此他建议：①组织声学委员会促进声学的发展；②进行声学研究工作，这个工作集中在科学研究单位进行……充分利用实验设备以避免浪费；③培养研究生；④培养本科学生。他的建议受到了有关方面的重视。

1956 年 3 月，国务院科学规划委员会成立了，陈毅任主任（1957 年改由聂荣臻担任），邀请了 600 多位国内各方面的专家，以及国务院通过苏联政府邀请的 18 位苏联专家协助制订 12 年科学技术发展远景规划。1956 年 8 月下旬，正式写出《1956～1967 年科学技术发展规划纲要（草案）》；1956 年 12 月 22 日，中共中央正式批准《1956～1967 年科学技术发展规划纲要（修正草案）》。该规划纲要的指导方针是"重点发展，迎头赶上"；编制原则是"以任务为经，以学科为纬，以任务带学科"。后来由于一些科学家提出应当注意基础研究，才特别增加了一项——第 56 项"现代自然科学中若干基本理论问题"。整个规划纲要共有 57 项任务，包括 616 个中心问题，提出了 12 个科学研究重点。由于声学方面对国防和经济发展的重要性，该规划纲要中列出了 8 个研究方向 32 个中心问题，比中国科学院先行制订的"远景规划初稿"要丰富多了。这可能是与苏联政府派出的 18 名协助规划的专家中有两名国际知名的大专家有关。一位

是水声学专家布列霍夫斯基赫（Л. М. Бреховских，1917～2005）——苏联科学院通信院士、苏联科学院声学研究所所长，《分层介质中的波》是他的代表作；另一位是柯杰利尼科夫（В. А. Котельников，1908～2005）——苏联科学院院士、苏联科学院无线电工学和电子学研究所副所长，他曾与信息论奠基者山农（Shannon，1916～2001）同时各自独立地建立采样定理。

第三节　中国第一个专业声学实验室

除了这 57 项任务之外，12 年科学技术发展远景规划还提出了《发展计算技术、半导体技术、无线电电子学、自动学和远距离操纵技术的紧急措施方案》，简称"四项紧急措施"。实际上还有两项紧急措施有关国防任务，即发展原子能和导弹，没有对外公布。1956 年 7 月 28 日，中国科学院决定成立电子学研究所筹备委员会，李强任主任，顾德欢、孟昭英、马大猷、陈芳允任副主任，后因李强另有重任改由顾德欢任主任。1956 年 9 月，该委员会很快就在北京西苑旅社租用的 6 号楼开始工作，并从中国科学院物理研究所和长春机电研究所（现中国科学院长春光学精密机械与物理研究所）调来 40 多位科技人员，其中刘景良担任器材科长；一位有经验的玻璃工赵进，为后来电子学研究所研制新管子立下了汗马功劳。还从上海招聘了几位高中生，做见习员。那时他们还都很年轻，有一位金××喜欢跳舞，每到周末总要跑到北京饭店去参加舞会。参加舞会自然就要打扮一番，顾德欢就亲自批评帮助他，叫他不要打扮得像"阿飞"。金××居然爆粗口说，顾德欢是光头阿飞。后来他就被解雇了。另两位与金××同来的都努力工作，自学成才，随着电子学研究所的发展而成长，他们后来都成了高级工程师。一位叫张国华，去了北京天文台；一位叫柯豪，一直在声学研究室，从事研究工作，20 世纪 70 年代成为马大猷的秘书。

顾德欢，矮个，带圆框近视镜，很有精神，很有干劲，星期天经常到电子学研究所工作，为发展中国电子学事业作出了重要贡献。他是一位知识分子、老革命，1936 年加入中国共产党，入党前乃是上海交通大学电机系的学生，与钱学森和张光斗同届并相熟。张光斗在美国留学期间还曾给他寄过美金，作为他从事地下活动的宣传费。当时，电子学研究所的工作主要包括三部分：无线电（包括超高频和脉冲技术）、电子学（包括电真空和阴极）和声学（包括建筑声学、超声学和水声学）。在马大猷的努力下，一个独立的声学研究室成立了，设有建筑声学研究组、超声学研究组和水声学研究组。超声学由应崇福负责，水声学部分邀请了武汉大学的许宗岳，但未能到任；此外还有一个化学组，由杨连贵负责，也在声学研究室。

1956年中国科学院首次在全国公开招考副博士研究生，在"向科学进军"的响亮口号下，许多有志青年纷纷报名应考，其中不乏资深的大学老师。当时规定有两年以上工作经验的大学毕业生或成绩优秀的毕业不足两年的毕业生方可报考。不像现在，大学毕业就可以考研了。当时社会科学部也属于中国科学院，全科学院共有近百个专业招生，有些是尖端的新专业，如钱学森的电磁流体力学、谢家麟的电子加速器。为了招到足够的学生，报名截止日期还作了延期，直到11月才举行考试，录取后1957年年初开始入学。因为那时候，不是自己想报考就能报考的，本单位不同意，你是毫无办法的。无线电电子学和声学共招到10名研究生，声学方面有6名：李沛滋（水声学，后改物理声学）、杨训仁（理论声学）、张家騄（电声学）、冯绍松（超声学大振幅，后留学苏联）、查济璇（超声学）和陈勋华（超声学，后前往美国），导师分别为马大猷和应崇福，他们各带三名学生。超声学研究组还有两位中级研究人员：向明和笪天锡。1957年南京大学第一批声学专业毕业生黄旭亚、钱祖文，另外还有田时秀、任树初、徐维义、侯立琪、李巧珠等相继分配来电子学研究所，再加上1956年毕业以后晚些时候到电子学研究所的施能峰、林仲茂、蒋继萍、裘辛芳等，以及几位外单位来进修的人员，即范宝元、黄启圣（超声），柳先、俞宝棣（水声），韩璘、黄哲伟（建筑声学），这样声学研究的布局已见端倪。另4名无线电电子学方面的研究生：余英林、潘华江的导师为陈芳允，李潜生、邵文昌的导师为黄武汉。电真空方面有张恩虬、毛振宗、陶肃璋、李小琼；无线电方面还有黄焕章、方澄、陈道明、凌君达、迟宝义等。当时是边建所边开展工作，同时接受不少从全国各地来的进修人员，大家都积极努力，干劲十足。后来又有黄兰友（电子光学）、沈光明（半导体电路）先后从国外归来，陈宗骘也调进来，电子学研究所就很快发展壮大起来了。

建筑声学研究组是马大猷直接领导的，到1957年年中，组内已经有吕如榆（学术秘书）、关绍忠、韩大钧、曹镒民、柯豪、陈玉玺、黄旭亚、田时秀、杨训仁、张家騄等10人，此外还有来自中国建筑科学研究院的韩璘、游叔中、黄哲伟，以及来自北京建筑设计院的项端祈、卢效民等进修人员。当时主要是从事建筑声学方面的研究工作，如研究吸声材料的特性及其测量。除此以外，吕如榆、陈玉玺等与北京市耳鼻喉研究所（秦大夫）合作研究护耳器，张家騄协助中国科学院心理研究所进行中国人听觉阈限测量

（龙叔修教授负责，王铎安、方至参加），帮他们校准耳机和探管传声器。这些都是马大猷在远景规划中提到的工作，同时也是声学的基础性工作。此外也为北京的一些建筑工程，如国家广播事业局大楼、天文馆等有关声学问题提供咨询，那时候中国科学院是完全免费对外提供服务的。

电子学研究所的工作在筹备委员会的组织领导下，很快就开展起来了。为了把一部分年轻的无线电电子学方面的研究人员送去苏联留学或进修，1957年4～6月，冯绍松、查济璇、陈勋华、张家骅四名研究生和黄启圣（厦门大学来进修的）随同无线电电子学诸同事前往沈阳中国科学院干部学校俄语出国训练班接受培训。后来声学专业只有冯绍松前往苏联学习大振幅声波，当时大振幅声波是新兴学科。其后，马大猷、应崇福开声学课（讲授莫尔斯的《振动与声》），北京邮电学院叶培大开微波讲座。到了1958年年初实行干部下放，超声学研究组的研究实习员丁棋熹要走了，马大猷还把他从美国带回来的原版书《振动与声》送给了他，希望他能继续声学工作。可见马大猷是多么期盼青年一代的声学工作者成长起来。

电子学研究所筹备委员会的分工[①]：马大猷分管基建，孟昭英管图书，陈芳允管仪器设备。马大猷亲自设计了综合声学实验室，包括音频声学实验室和水声实验室（许宗岳参加部分工作），都与电子学研究所大楼建在了一块儿。音频声学实验室由消声室、混响室和隔声室组成。消声室有两间，一间为大的通用消声室，另一间为卧限消声室。混响室有三间，一大两小，一个是具有平面光滑坚硬瓷砖墙面的大混响室，另一个是不平行墙面，再一个是半柱形墙面的小混响室。隔声室是用来测量墙壁和楼板的隔声性能的，共有三间。上下两间相对，用来测量楼板；左右两间相邻，用来测量墙壁。这一组实验室建在一个钢筋混凝土的盒子里，再把这个混凝土的盒子放到打包的玻璃纤维铺垫的地基上，用来减少振动的影响。因为在中关村的东面就是清华园火车站，需要给予特别注意。其他国家的实验室，有的在下面放置弹簧、软木或橡胶作为减震装置，当时在中国这些办法均不可行，南京大学毕业学生黄旭亚就提出来采用玻璃纤维打包这样的一个新方法。黄旭亚思想活跃，热情能干，后来他成为第九研究室（普通声学）的学术秘书，对九室的发展很有影响。全部声学实验室的造价与整个电子学研究所大楼的花费是差不多

[①] 在马大猷的笔记中记有"主任陈芳允"的字样，这与前文所述在1952年中国科学院副院长吴有训曾嘱托陈芳允筹建电子学研究所的说法是相契合的。

的。可见当时国家对新学科的发展是十分重视的。

消声室这个专业名词，对于大家来说，在今天也是比较生疏的。20世纪50年代初在声学界也是新事物。这种采用尖劈吸声结构的消声室最早出现在美国，建于1943年（以前曾有过用多层布幔吸声的方法，但效果很差），是由马大猷的同学白瑞内克（前面已经提到过他）在哈佛大学设计建造的。当时，美国空军基地要使用大功率扬声器在地面上进行飞机降落的口头调度；也有人想用它发出坦克和机动车的声音来欺骗敌人。为了测试这样的强声系统，就要设计一个封闭空间，让声音既不跑到外面去又不从侧壁反射回来。于是他就设计各种吸声结构，经过多次试验，最终选定一种底部为8英寸见方、46英寸长、内充玻璃纤维的尖劈（状如木楔）。用这种尖劈排满室内的六面，就构成一个封闭的自由声场了。哈佛大学的人们都把这个实验室叫做"白瑞内克的盒子"，而白瑞内克则给它起名为 anechoic chamber，anechic 是他造的词儿，意思是没有回声的。这个词儿虽然在声学界普遍应用了，可是直到1962年才被正式收入"韦氏大辞典"，中文声学术语中定名为消声室。随着电声学研究工作的开展，1943年白瑞内克在哈佛大学建立了电声实验室并任主任。所以在1957年，消声室在世界上也还是一种新型的声学实验室，而混响室早在30年代初，马大猷的第一位导师孥德森在加利福尼亚大学洛杉矶分校就设计建造起来了。

马大猷在向来访科学家介绍大混响室

马大猷不但在声学实验室成立之初就及时地设计建造了国际上新出现

的消声室，而且他还有一个创新设计——卦限消声室。卦限消声室是利用矩形管中用相邻两壁面作吸声处理可使管的有效尺寸加倍的原理提出来的特殊设计。它的尺寸是 4 米×4 米×4 米，只在天花板和两个相邻的侧壁装上尖劈，另两壁和地面分别用瓷砖和水磨石铺面。这样就形成了三面"声学镜子"，声波投射到上面会完全反射回去，到了对面有尖劈的壁面就被完全吸收。如果声源或接收点正在三面"镜子"的交点上，那么在声源和接收点之间就只有直达声而没有反射声（在尖劈完全吸收的条件下）。这样，这个消声室在功能上相当于一个 8 米×8 米×8 米的大消声室，而在构造上只是它的 1/8，因此取名为卦限消声室。由于卦限消声室的地面是水磨石的，测试设备可直接放到地面上，工作起来比较方便。另外它的构造简单，造价低廉。

马大猷在向来访的外国科学家介绍卦限消声室

大消声室则六面装满尖劈，尖劈外表面是铁丝网（窗纱），内装玻璃棉，这样对电磁波也产生吸收作用，因此它也可以作为电磁波的自由场来用。为了更好地确定尖劈的吸声特性，还特别采用大理石板建造了大驻波管。尖劈的尺寸和内装玻璃棉的密度，都是用实验的方法来决定的。可惜，由于当时施工能力和技术条件的限制，已经设计好的电动门无法施工，消声室内的温度、湿度也无法控制。这是无可奈何的美中不足。

声学实验室建成后，经检测所达到的指标，在当时国际上也是先进的，如表 4-1、表 4-2 所示。可以看到，在新中国百废待兴、工业基础薄弱、经济建设刚开始的时期，马大猷就设计建造了这样的声学实验室，实在是难能可贵。

马大猷向英国南安普顿大学纳吉教授介绍在消声室中进行气流噪声测量

表 4-1　世界上几个重要的混响室的特性

实验室	体积/米³	总面积/米²	混响时间/秒			扩散办法	建造年份
			125赫兹	500赫兹	4000赫兹		
UCLA（美国）	170	186	17	12.5	4.4	转扇	1932年前
国家物理研究室（英国）	275	258	18.8	13.5	3.2	不平行墙面	1936
Torino（意大利）	307	267	15.5*	9.3#	4.5	不平行墙面	1948
国家标准局（美国）	405	374	8.9	10.3	4.45	转扇	1961
哥廷根（德国）	342	300	33*	15	3	不平行墙面及有机玻璃板	1960
莫斯科大学（苏联）	217	220	19**	12	3.8	不平行墙面	1960
中国科学院 I	425	340	29.3	18.9	4.6	24片夹布胶木板	1958
中国科学院 II	177	192	3.69	5.98	3.49	半圆柱面	1958
中国科学院 III	100	130	13.1	7.16	3.45	不平行墙面	1958

＊频率为100赫兹；　＊＊频率为160赫兹；　#频率为400赫兹

表 4-2　世界上几个重要的消声室的特性

实验室	处理前房间尺寸/米	吸声结构	特性	建造年份
贝尔实验室（美国）	6×4.2×2.4	6层法兰绒，6层布，共厚50厘米	250～4000赫兹±4分贝	1936
RCA（美国）	14.5×11×11	长2.1米和1.2米的垂直吸声板相间，板厚及间隔各2.5厘米	40～10 000赫兹±2分贝	1943
哈佛大学（美国）	15×11.5×11.5	1米长玻璃棉砖做的尖劈	70～10 000赫兹±1分贝	1943
哥廷根（德国）	14×10×5.5	90厘米长玻璃面砖尖劈内加石墨粉	70～10 000赫兹±1.5分贝	1953
莫斯科大学（苏联）	12.65×10.1×6.65	1米长尖劈墙面不平行	70～10 000赫兹±2分贝	1961
中国科学院 I	9×7.2×7.2	1米长铁丝网内装玻璃棉尖劈，空隙45厘米	80～10 000赫兹±2分贝	1958
中国科学院 II	1/8 (8×8×8)	三个相邻面装尖劈，地面与另两个邻面为光硬面	80～10 000赫兹±2分贝	1958

　　20世纪五六十年代，一些国家的声学研究单位和大企业纷纷建造消声室，它已经成为声学研究必不可少的基本设施了。马大猷设计建造的音频声学实验室和水声实验室，在1958年以后的声学大发展中起到了十分重要的作用。60年代初，中国科学院开展实验室现代化，声学实验室是作为典型在《中国科学报》上加以报道的。后来，当"科学的春天"到来的时候，在"文化大革命"中被肢解的声学研究所得以复所，1980年根据声学发展的需要，环境噪声问题开始受到关注，他又设计建造了半消声室，即地面为水磨石，其他五面装尖劈吸声结构。这样，大型的声源便可直接放到实验室里进行测量。比如，一辆小轿车或一个大变压器辐射出来的总的噪声功率，就可以被直接测出来。一个住宅小区的建筑模型，也可以放到实验室里，研究它的环境噪声分布。这样大的半消声室在世界上也是不多见的。

　　电子学研究所建所时，马大猷还专门设计了一座大阶梯教室，可容纳500人在里面开会。20世纪50年代末60年代初，北京大学和中国科学技术大学无线电系的学生在这里上大课——声学，即使不用扩声设备讲课，同学们也都能听得很清楚，讲课的人也不觉得太累，完全不存在哈佛大学的佛歌讲堂和清华大礼堂那样的听音困难。这就显示出良好的声学设计的作用。只是由于当时条件所限，设计的电动黑板没能实现。声学研究所从电子学研究所独立出来以后，这间大教室就归属于电子学研究所了。整个电子学研究所的建造，都是由北京市第三建筑公司（三建）承担的，那是

马大猷在半消声室中向年轻的学生们讲解半消声室的功能

当时北京最好的建筑公司。

此外马大猷还设计建造了一间测听室，专门用于听力测试和心理物理试验。20世纪60年代初，开始汉语清晰度试验和可懂度理论的系统研究。该项研究产生了两项国家标准：语言清晰度测试方法（GB/T15508，1995）；语言清晰度指数的计算方法（GB/T15485，1995）。福建前线远程有线广播系统设计中的模拟语言清晰度试验，也是在这间测听室中完成的。语言清晰度试验是声学和心理学研究中常用的一种心理物理试验方法，通过给被试呈现语音信号刺激，要求被试作出规定的反应（复述或记录听到的内容），用来研究言语通信系统的工作特性和大脑这个"黑匣子"的工作性能——言语知觉。可惜它在"文化大革命"中不得不被遗弃而改做他用。因为那时候经过专门训练的测听队，被认为是把研究人员当做"会说话的工具"来用，受到了批判，所以这方面的工作只能暂停。实际上这是国际上心理物理试验常用的标准方法，在中国科学院的研究所里还不被人理解，真有些匪夷所思。

第四节 "大跃进"催生语言声学

1957年刚刚经过了"引蛇出洞"的"反右"运动，许多著名的知识分子以莫须有的罪名被戴上了"右派分子"的帽子。马大猷得以幸免，但

是也受到了小范围的"批评帮助"。由于他在教育界和科学界的地位和影响,当时电子学研究所内的大科学家不多,所以为了批判他还特别请来赵九章先生(地球物理研究所所长)到会压阵。批判他的主要问题,一是为了争取武汉大学的许宗岳教授(被划为右派)到电子学研究所来主持水声学的研究工作;二是他在全国政协会议上曾经发言,并提出应给科学家选择职业的自由,为此他专门写出了检讨;三是他加入民主同盟,是曾昭抡介绍的,曾先生是北京大学的教务长。

  1957年年初,为响应党中央的号召帮助共产党整风,曾昭抡、千家驹、华罗庚、童第周、钱伟长等通过调查和座谈等搜集意见,在曾昭抡主持下写出了《对于有关我国科学体制问题的几点意见》,向国务院科学规划委员会提出。其中五条意见与后来1962年经过中央批准制定的《科研工作十四条》和《高教工作六十条》的基本精神是一致的。可是当时,这份意见书却被当成了"反党反社会主义"的科学纲领,在全国开展批判。马大猷也参加过他们的座谈会。所以,1957年10月中国科学院电子学研究所整风核心小组,便把他定为"中右",并提出"民盟科学院支部副主任不宜再放上去,学部委员仍可保留"、"政协委员是否保留,请领导考虑"①。他原计划1957年到民主德国参加建筑声学学术会议,也因此告吹了。

  到了1958年,"大跃进"运动开始。早在1957年10月召开的八届三中全会上毛泽东就说了:所谓先专后红,就是先白后红,这是错误的。1958年2月《人民日报》的社论《鼓足干劲,力争上游》中,明确提出国民经济要全面"大跃进"。在1958年5月中共八大二次会议上,进一步提出"插红旗、拔白旗","破除迷信、解放思想",发扬"敢想、敢说、敢做"精神的号召;确定了"超英赶美"的指标;掀起了"大跃进"运动。1958年8月20日的《人民日报》又发表了评论员文章《拔掉教育战线上的白旗》,一时间,高等学校里许多知名的教授和学术权威纷纷落马,被拔掉的哪里是什么"白旗",而是他们学术成就的标志。中国科学院虽然没有大搞"拔白旗",但也在劫难逃,大搞高指标活动。著名数学家华罗庚即使违心地提出12项数学指标在10年内赶上美国,也没能逃过被当做"白旗"要加以拔除的厄运。

  中国科学院电子学研究所自然也不能例外,特别是筹备委员会主任顾德欢,因为他是中共八大代表,表现得就更为积极。虽然他受过高等教

---

① 电子学研究所整风核心小组对高级民主人士马大猷的鉴定,1957年10月7日。

育,但是也摆脱不了党内那种对待知识分子的偏见和教条主义与宗派主义思想的桎梏。他认为科学研究也要大搞群众运动,这可能是"人海战术"的发展。他曾说,领导研究工作好像作战。中国科学院调来了大批转业军人,电子学研究所分配的人数很多,这叫做"掺砂子",用以改变知识分子队伍的现状。后来,有些年轻的转业兵,看到研究所里的人很多都戴眼镜,于是也就配了一副平光眼镜来戴,穿戴上也迅速城市化。有些干部就看不惯了,于是就把中国科学院说成是个"大染缸"。本来这些转业来的干部和士兵,都是部队里的优秀分子。他们勤奋好学、吃苦耐劳,在"红专大学"的培养下,在中国科学院的优越环境里(有众多的研究人员做老师和制作先进的仪器设备),他们中的一些人很快就成了实验室里的好助手。很可惜,藐视经济发展规律的"大跃进",很快就带来了对经济建设的破坏和吃不饱饭的恶果。1962年就不得不"精简机构"和"劳逸结合"。许多已经经过培训成长起来的转业战士,又不得不转业回乡,连知识分子也替他们惋惜。

1958年4月底,电子学研究所就布置了1959年国庆献礼的任务,要求"一定要拿出东西来";5月初又忙着向"八大"(中共八大二次会议)献礼,各方面要有代表发言。要求发言一要"不伸手,不张口"(不伸手要东西,不张口说困难),二要生动有力。1958年7月,电子学研究所离开了租用的西苑旅社6号楼,迁入了新建成的中关村新址,这时声学实验室尚未完工。新大楼白色水刷石的外立面,在中关村的青砖楼群中显得鹤立鸡群,据说这是顾德欢强调电子学的特殊性争来的。随着迁址,组织机构也发生了变化,研究所新到任学术秘书刘春夔,新建研究室。无线电电子学部分:第一研究室——无线电波,主任陈宗鹭;第二研究室——超高频技术,主任黄武汉;第三研究室——半导体,主任沈光明;第四研究室——脉冲技术与射电天文,主任陈芳允;第五研究室——超高频电子管,主任陶肃章;第六研究室——电子学,主任张恩虬。声学研究室发展成为水声学(第七研究室)、超声学(第八研究室)和普通声学(第九研究室)三个研究室,分别由汪德昭、应崇福、马大猷任研究室主任;齐瑞、李进斌、李炳玉分别任三个研究室的支部书记,他们都是精明干练的转业军官。第七研究室的学术秘书为关定华,第八研究室的学术秘书为施能峰(施调离后改为留苏归来的史国宝),第九研究室的学术秘书为黄旭亚。还有第十研究室——化学,主任杨连贵,学术秘书郑开甲。

这时"大跃进"之风越吹越烈。电子学研究所大办工厂的呼声甚高,电子学部分要办电子管厂,声学部分要办电声仪器厂。马大猷为此还作了

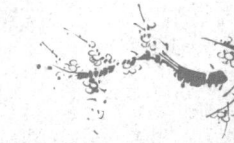

初步规划,1958年开始初步打算要45人,其中技术人员10名、技工5人、徒工30人,设备费10万元、资金5万元,房屋2000平方米。首先考虑生产传声器和扬声器。正好这时分配来很多转业军人,第九研究室一下子就来了70多人。全室以前工作人员只有30名左右,分成4个研究组:910噪声控制组,组长李沛滋;920语言声学组,组长张家䣛;930电声学组,组长田时秀;940建筑声学组,组长杨训仁。现在第九研究室变成100多人,大部分转业人员归属920组,由李炳玉、张家䣛负责筹办电声仪器厂。首先请920组的工程师关绍忠和他的助手顾树国,对他们进行培训,讲授无线电基础。1958年,南京大学物理系声学专业毕业的屠焰,为筹建电声仪器厂自告奋勇去跑器材。这时的目标口号也很响亮:赶超丹麦的B&K(这是由一位丹麦声学家布瑞尔(P. V. Brüel)创建的国际知名的声学仪器厂,占有世界声学仪器市场的半壁江山),这才够得上"敢想、敢说、敢干"。显然,当时中国的工业基础,是达不到这样的目标的。加之"大跃进"造成的困难时期很快到来,在"调整、巩固、充实、提高"的新方针下,电声仪器工厂也就不得不下马了。不过,近30年后在改革开放的大潮中,屠焰终于以声学研究所为基础,在中关村电子一条街,创建了中国科学院科理高技术公司,成为总经理,以后又成为进入上地开发区的先行者。真是时势造英雄啊!

马大猷对电声学的研究并没有就此放松。在他的安排下,"大跃进"中没能实现的传声器和扬声器的生产,经过了几年踏踏实实的艰苦努力、深入钻研,终于在20世纪60年代中后期,先后作出了成果:电容传声器研制成功并交由797厂生产,驻极体传声器和气流调制扬声器产品还出口到英国。这才实现了马大猷最初的愿望。

为"大跃进"和10年大庆献礼,领导提出尖端科学要赶上去,要在1962年完成12年规划。无线电方面提出了H_{01}波导工程和固体量子放大器,现称微波激射器(microwave amplification by stimulated emission of radiation,MASER),大楼的走廊里布满了紫铜做的波导管。实验室还没做好研究工作就开始要将波导管从电子学研究所铺向北京邮电学院。电子学研究所里已经盖好了终端站,后来因为实验不成功,变成了以后声学研究所的图书馆。声学方面,水声考察是中苏合作项目,足够显赫,由留法多年刚回国的、曾在郎之万实验室工作过的汪德昭负责(电子学研究所副所长兼第七研究室主任);超声学正面临社会上大搞"超声波运动"的高烧,有人认为化工产业将由于超声而发生革命,发烧发到出现呓语:打破法拉第电解定律。第八研究室主任应崇福态度稳重,实事求是,没有轻易被卷入这股浪潮。

第九研究室普通声学研究领域覆盖从可听声到次声的广泛内容，研究室主任马大猷选择了研制护耳器和房间音质预测两个课题。尽管当时他已经安排了一个研究生开展相关技术研究，但由于这是20世纪50年代美国刚刚兴起的利用相关函数来描述混响和多种失真，以及从噪声中提取有用信号的新技术，是探索性研究，他并没有加以夸大和吹嘘去献礼。他只是特别强调音质预测可以达到世界水平，因为这是他的专长，也是有把握实现的。这本是科学的、实事求是的态度，可是并不能满足领导不切实际的高指标要求。于是有一位刚来所不久的中专生，不知道是受了谁的指点，在献礼会上说出了"房间音质只不过是'口红'，工人耳朵都聋了还谈得上什么音质"。这在研究室全体会议上就引起了争论，多数人都领会这是上面的意思，纷纷支持加强噪声控制研究。这让马大猷感到很不快乃至愤怒，他愤然退出会议回到自己的办公室，把门关起来（当时走廊就是会议室，他的办公室就在走廊的尽头）。这是他从未有过的失态。可以想象，作为一个声学研究室的研究人员，如此对待开启现代声学之门的建筑声学，这让他感到很失望；又如此不了解他在这一领域的成就和地位，也令他感到伤心。从此，在中国科学院电子学研究所及以后的声学研究所，就再也没有组织起来应该在国际上领先的建筑声学专业研究队伍。真是太可惜了！

幸亏第九研究室的支部书记李炳玉，他是由武汉炮兵学校转业来的年轻干部，思想稳重，与人为善，是一位难得的对统战工作十分小心谨慎的共产党干部。经他多方面做工作才使事件没有扩大，马大猷很快就消了气。

声学是一门随着社会的进步、生产生活的发展而相应发展的学科，一时间要找出一个叫得响的题目谈何容易。领导提出要"声学革命"，逼得大家每天晚上开会，苦思冥想找题目。最后，终于在美国声学杂志（1956年）上找到了《语音打字机》这个题目，大家觉得很新颖又很响亮。这篇文章的作者之一，是著名的声学家、美国无线电公司（Rodio Corporation of America，RCA）的工程师奥尔森（Olson，H.F）。这是继美国贝尔实验室在1952年成功研制一架口呼数字自动识别器以后，向口呼单词自动识别的进步。选了这个课题以后，他向上汇报说，将来领导作报告，会议结束以后，讲话稿就打好了，这样领导才满意并将其作为国庆献礼项目。可是电子学研究所筹备委员会主任、党委书记顾德欢却不以为然，当众对马大猷说了一句："语言打字机做成了，我不给你磕头就请客。"这对马大

献的自尊心伤害很大,他特别把这句话记在了他的工作笔记之中。

马大猷亲自领导这个研究组,还增加了人力,从其他研究组调过来一些人。他派张家騄请来语言研究所(当时语言研究所也属于中国科学院)的吴宗济先生,这时他刚从欧洲进修回国,请他介绍欧洲语言声学的研究情况,并协助进行语音分析;还请来周殿福先生讲授语音学,让有关研究人员接受国际音标培训,那时周先生正在录制国际音标的唱片。

奥尔森研制的语音打字机
(1956年)

与此同时,中国人民解放军通信兵部(当时的编制)主持召开"语音编码"研讨会,马大猷派张家騄前往参加,介绍通道式声码器。会议由通信兵部科技部部长孙俊仁主持,参加者有张家口电讯学院陈太一、北京邮电学院蔡昌年、汪润生、中国科学院心理研究所曹日昌、中国科学院语言研究所刘涌泉和中国科学院电子学研究所张家騄等。会上除了学术报告之外,各单位还进行了分工。北京邮电学院负责研制语图仪,语言研究所负责语音分析,心理研究所负责语音感知,电子学研究所负责通道式声码器。这样,在中国科学院电子学研究所声学研究室,汉语语音压缩研究与自动语音识别就同时展开了。两方面的工作都需要对语音进行频谱分析,在模拟技术时代,要进行频谱分析就要有滤波器,所以就根据需要由张家騄设计了10个带通滤波器,由经过培训的转业军人来做。当时电容可以买现成的拼凑,可是想弄到做电感的铁氧体就很困难,多亏有通信兵部帮忙,才得到了一些铁氧体。然而,做出来的滤波器性能不稳定。这一方面是由于所得到的电容器和铁氧体的质量不能保证,物资紧张又不可能严格筛选;另一方面,也是很重要的一点,在实验室里,大家没有技术经验,工艺上也就不过关。所以直到1963年在声学实验室才研制成功一台半声码器(低频部分不加编码压缩以保留较好的基音特性)实验装置;1966年以后北京邮电学院也成功研制出语图仪;1986年语言研究所出版了《汉语普通话单音节语图册》。虽然这些成果距离1958年通信兵部召开"语音编码"会议时,已经时过境迁,但是有关单位都以认真负责的态度,克服种种困难,始终坚持完成所承担的任务。中国的语言声学和实验语音学,也在这一过程中成长起来。

马大猷准备研制相关技术研究的基本工具——模拟相关器,张家騄在东北工学院（现东北大学）精密机械研究所的协助下，于1959年年初完成全部机械设计图，又好不容易通过冶金部，从哈尔滨求到了一段用于做磁鼓的柱形铝合金。可是机械加工始终过不了关，最终只好放弃。苏联声学所这时也注意相关技术研究，他们走了另一条路，采用电路方法研制相关器。国家计量局与电子学研究所合作研制用于传声器绝对校准的瑞利盘，还派专人（魏成斌）到电子学研究所进修，也是由于机械加工水平问题没能实现。可见科学研究的提高多么需要工业技术进步的支持！

为实现语音打字机任务，马大猷亲自组织研究队伍，加强研究力量，还曾设想口语翻译机问题。因为当时计算机界已经开始研究机器翻译问题。1958年11月中旬，他邀请中国科学院计算技术研究所的彭楚纯、中国科学院语言研究所的吴宗济和刘涌泉、邮电科学研究院的沈秉鲁，以及电子学研究所自己的研究人员张家䠄、李炳光、王宗桥、饶余安共同讨论口语翻译问题。当时只有刘涌泉是国内最早开始从事机器翻译的研究人员之一，他认为分词很重要。吴宗济则提出要先分析，再合成，然后才能语音打字。可是汉语语音分析数据完全没有，而美国早在1952年就对76名发音人（包括男、女、童）的第一、第二共振峰分布进行了全面的统计分析研究。

当时在国内作语音分析谈何容易，虽然比马大猷出国留学前只能用傅里叶级数进行波形分析进步了许多，但是我们没有最有效的语音分析专用设备——语图仪。那时美国对中国禁运，我们是买不到的。所以只能利用现有条件赶快应对国庆献礼，关绍忠工程师从东郊的综合仪器厂买来了两个高高的黄色机架，滤波器没有做成功，只能利用丹麦声学仪器中的1/3倍频程滤波器，再用电位器组成一个矩阵，作为模式匹配的装置，经过判决线路，来控制写有音标的信号灯。识别词汇的大小也不能不缩小到10个普通话元音。当一个人发出一个元音，比如/a/，那么标有/a/字的灯就点亮。当然，要识别一个人的发音要先对电位器矩阵进行调整，得到对应的音标显示，测试时再发音识别率就提高了。终于在国庆10周年的时候，这个装置摆进了中国科学院的献礼馆（生物物理研究所新建的大楼）。毛泽东主席还亲自来参观。一个新学科——语言声学从此诞生了。"文化大革命"以后，1979年声学研究所复所，建成一个独立的语言声学研究室。

时至今日，60多年过去了，世界上还没有一台"语音打字机"（20世纪90年代流行叫"听写机"）在使用，这倒证明了60年代有的美国科学家的说法：自动语音识别比登月还要困难。因为言语信号是十分复杂的，

它既有自然属性又有社会属性；作为人类的交际工具，它具有公共的稳定特性；实际运用时又容许个人的创新表现，机器还做不到如此灵活适应。到目前为止，机器还只能在有限的应用范围内进行人-机对话，还做不到像人那样自由地运用语言工具。

第五节　人造卫星上天　次声研究肇始

1957年10月4日，苏联发射了第一颗人造地球卫星，震惊了全世界。1958年5月17日，毛泽东主席在党的八大二次会议上提出："我们也要搞人造卫星。"当时还提出，人家有的我们要有，人家没有的我们也要有。于是中国科学院确定了"581任务"，成立了"581组"，组长为钱学森，副组长为赵九章、卫一清，成员有杨刚毅、武汝阳、顾德欢、华寿俊等。另设技术小组，由钱学森、赵九章主持，经常参加会议的有陆元九、杨嘉墀、陈芳允、吕保维、马大猷、孙湘、孙健、王政、吴几康、施履吉等。由于这是保密任务，所以马大猷在研究室里也从未提起人造卫星的事，只是安排田时秀、齐士钤、戚志丰等几个人研制热线传声器。热线传声器是在第一次世界大战时发明的，是用于炮声定位的声波接收器。它的构造是，将直径6微米的白金丝缠绕在细玻璃棒上，再固定于一个云母圆盘上，当白金丝接上电源时，就形成了一个电阻。把圆盘对着一个亥姆霍兹共振器的口，这样当有声波传来引起共振器共振时，声波引起空气分子来回运动，经过白金丝时就会把一部分热量带走，从而使白金丝的电阻发生变化。利用检流计便会检测到声波。针对声源的特征频率，选择适当的共振器，可以提高灵敏度。虽然这个装置也没能成功应用，但是从此开始了对次声波的关注。这个时候盛传重庆正在利用土炮来消雾，研究室就派出李沛滋和李炳玉带领一些人前去调查研究。

1963年在香山建立次声实验室，屠焰、吕士楠、胡鑫康等成功研制电容式次声接收器，开展大气层核爆炸监测研究（1965年正式下达为"320任务"）。此后又在全国各地（乌鲁木齐、昆明、杭州等）布点联网，以期对大气层核爆炸进行定时、定点和定当量。1964年10月16日下午3时，中国第一颗原子弹在新疆罗布泊上空爆炸成功，他们成功地完成了监测任务，次声学研究从此奠基。毛泽东逝世以后，吕士楠还参与了利用次声技术来监测保存遗体的水晶棺内的微气压变化的工作。1979年成立次声学研究室，屠焰任研究室主任。这与马大猷在20世纪40年代研制地听器的窘境，真是不可同日而语啊。

马大猷（右）与钱学森在交谈

苏联的人造地球卫星上天和加加林驾驶宇宙飞船绕地飞行的成功，使其在空间科学领域领先了美国。许多科学家认为，这是苏联在基础研究方面比美国更加重视的结果。1962年在广州会议上，聂荣臻就特别提出了研究生培养问题。"大跃进"的热潮终于冷静下来，中国科学院重新开始重视研究生的工作，要求1956年考试入学的研究生，通过课程考试并完成毕业论文（学位是不提了，它和军衔一起被抹掉了）。马大猷有三名56届的研究生，于是他就给了李沛滋一个题目，是研究"喷水鱼洗"喷水的原理。这是由苏联著名声学家布列霍夫斯基赫参观声学研究室看到为他表演的鱼洗喷水引起的。声学研究所有一件宋代的喷水鱼洗。那是一件由青铜铸造的盆底有四条游鱼图案的洗手盆。盆边上立着两个把手。双手沾水在把手上摩擦，就会有四条水柱喷起，水柱就像从四条鱼嘴里喷射出来的一样。喷水的同时，整个鱼洗也会嗡嗡作响。这位波动声学专家很感兴趣，认为这是一个值得研究的声学问题。于是这个任务就落到了李沛滋身上。因为他的专业是物理声学，可是他在"大跃进"中，却不得不做阻尼材料，这是噪声控制的需要。题目定下来后，他首先把这个问题简化，从三维问题变成一维问题。他找来水声研究用的长水槽，在一端装上可以驱动的振动板，激发水波，改变驱动频率进行观察研究。他不但解释清楚了鱼洗喷水的原理，还发现了次谐波，完成了一篇很好的毕业论文。后来马大猷在他写的《基础研究的科技潜力》一文中，还不无遗憾地说："20年后[①]国外发现连续半频导致规律性混沌现象，并指出这是乐器噪声和液体中空化噪声的根源。这一研究成果本是李沛滋继续他的论文工作可能得到的。以上是领导或指导教师给出研究课题的情况。这样的课题相当重要，结果应是文献中没有的，但基本可解，使工作者的想象力有发挥的空间非常重要，所以也要看导师的经验和水平。"（马大猷，2004a）

马大猷在演示喷水鱼洗的声学现象

研究生杨训仁的题目则是"声波在大气中传播的理论"。这是重要的声学基本问题。他的专业本是理论声学，可是当完成了理论研究，一位领导却突然提出了对研究生的新要求——研究生必须亲自做试验。所以，他又不得不在昆明湖中进行大气声传播实验。他的工作为后来开展次声学研究提供了理论基础，他还写出了这一领域的专著——《大气声学》（杨训仁，1997）。

研究生张家騄的题目是"语言可懂度研究"。这个问题在电话发明以后就引起了声学家和电信工程师的注意。在语音传递过程中，会引起各种畸变和受到各种干扰，从而使语言可懂度降低。研究其中的关系，对改进通信系统的工作性能和提高其工作效率，是很有意义的。语音清晰度试验

---

① 指李沛滋完成论文以后。——笔者注

也是心理学家研究语音感知的一种心理物理方法。实际上它也是语音的主观识别问题，正好是以前张家騄参与的"语音打字机"（语音的客观识别）相对应的另一方面。他在中国科学院科学技术学校一个班同学的配合下，在不同的传输条件下进行了多次大规模的言语清晰度试验，分析处理了100多万音节的试验数据，1963年终于获得了系统的结果。试验结果表明，人们听懂言语、识别语音，是一个相当复杂的解码过程，既有自下而上的分析过程，又有自上而下的理解过程，用简单的模式匹配是实现不了自动语音识别的。这一系列试验，产生了两项国家标准，这也算是对"语音打字机"献礼任务的一个回答。

第六节　人民大会堂音质设计——中国建筑声学新篇章

1958年9月初，北京市副市长万里传达了中央关于筹备庆祝新中国成立10周年活动的消息，说要建好十大建筑：万人大会堂、革命博物馆、历史博物馆、军事博物馆、国家大剧院、科技馆、艺术展览馆、民族文化宫、农业展览馆及工业展览馆（北京展览馆）。后来随着工程的进展和对经济能力的考虑，缓建国家大剧院和科技馆，代之以北京站和民族饭店。这时距离1959年国庆就只有一年多一点儿的时间了。万人大会堂（后改称人民大会堂）自然是重中之重，因为它是中国最高权力机关——全国人民代表大会的会议场所，它要建在天安门广场。

大会堂内景

人民大会堂的总建筑师是北京建筑设计院的张镈，他是一位1934年毕业于国立南京中央大学的多产的建筑师，曾受教于建筑大师梁思成和杨廷宝。这座世界上最大的厅堂，从规划、设计到施工建设仅用了一年零十五天，这也是世界上最快的建设速度了。这里边自然少不了各种曲折困扰，因为要考虑的因素很多，首先是政治因素，还有天安门广场的布局等。设计方案几经修改，最后选定一个按尺度放大法设计的万人大会堂方案。尽管梁思成等建筑大家提出了不同意见，但也没有时间再多加论证了。多亏周恩来总理用一句古诗词"落霞与孤鹜齐飞，秋水共长天一色"的意境，解决了张镈在设计中的困惑。这才有了给穹顶安排三条水波形的暗灯槽，还在穹顶上开500个灯孔的满天星的巧妙设计，同时在穹顶上打有上百万个小孔（坐在下面看不见），小孔后面用矿渣棉来吸声。这样就解决了由按比例放大带来的体量过大给观众造成压抑感的问题。最终，大会堂建筑面积为171 800平方米，比故宫的建筑面积还要大；大会堂体积为91 000立方米（整个建筑总体积为1 596 900立方米），可以装得下一个天安门。这时已经到了1958年的12月初了。大会堂的设计任务书中，把使用安全和音质良好作为主要指标，音质设计工作由马大猷负责，这让他很兴奋。他作为第一个以声学为专业的留学生，终于有了用武之地。

马大猷与建筑物理学界专家合影（前排右四马大猷）

当时在中国还没有专门的建筑声学设计人员，他就以电子学研究所声学研究室为基础，组织了7个有关研究单位和高等学校共同协作。他们遇到的难题首先就是，大会堂的体积非常大，有10 000个座位，体积为

91 000立方米，能把整个天安门都装进去，总表面积 19 200 平方米，声波的平均自由路程计算值为 19 米，实测则达到 23 米。根据音质设计的原则，按照座位的数目，厅堂的体积应尽量压低，这不但合乎经济原则，而且对声音传播也有利。演讲大厅以每个座位 4.3 立方米为宜，讲演和音乐兼用的则最好为每座位 5.8 立方米。可是人民大会堂已经是每座位 9.1 立方米，大大超过了一般标准。国外音质良好的厅堂最大也不过 3 万立方米，因此这样大的厅堂连可以参考的资料都找不到。其次，大会堂的形状接近扁椭圆形，这样的形状对声音的传播很不利。声音有沿墙传播的倾向，观众厅中央部分得到的反射声会很少，声场分布也不会均匀。由于尺度很大，从后墙反射回来的声音，比直达声晚了一两百毫秒，会形成严重的回声干扰。再次，穹隆形的顶棚最高有 32 米，反射一次就几乎要 200 毫秒，也会形成干扰。可是大会堂的建筑设计已定，体积和形状都不容更改，再加上人民大会堂是庄严伟大的建筑，到处都是大理石、拼花地板和厚地毯等高贵的材料，当时国内能够生产的吸声材料（木丝板、甘蔗板、穿孔板等）几乎无法与之相配。低频率声音的吸收问题更大。

由于当时的特殊情况，人民大会堂只能是边设计、边进料、边施工，不能按常规从容地先作好设计，声学工作也只能从属于整个工程。在大会堂建成之前，首先由中国建筑科学研究院按照已经决定的建筑体形和尺寸做了两个模型，一个模型尺寸为 1∶10，另一个为 1∶40，在模型里边用脉冲声进行试验，观察里边各地方的声反射情况。在建设过程中，还要到现场进行各项测量，因为那时他们除了按照一般建筑工程把混响时间作为第一评价标准以外，还在探讨第二评价标准。因为有时两个大小和混响时间都相差不多的厅堂，音质可能迥然不同。由于混响时间的公式，是在一个完全扩散的声场条件下得出的，所以声场扩散受到建筑声学家的注意。因而他们在完成人民大会堂音质设计任务的同时，还进行了这方面的研究工作。他们研制了两种特殊的指向性传声器：一种为笛式传声器，另一种为声透镜。笛式传声器是把一个电容传声器装在一根内径 3.4 厘米、长 1.5 米的钢管的一端，另一端用吸声尖劈封住。沿管壁开一排圆孔，孔间距 3 厘米，共有 21 孔，每个圆孔中插进内径为 4 毫米的细管（外径与大管上的孔径相等），细管长度各不相同，由传声器端向末端从短到长依次排列。这种笛式传声器指向性很强。声透镜是类比于光透镜的原理设计的，只在水平面方向产生指向性，而不考虑垂直方向，以适应双耳效应。参加这些工作的除了电子学研究所声学研究室的人以外，还有中国建筑科学研究院的韩璘、黄哲伟、游叔中、叶恒健、北京城市规划设计院的向斌

南、项端祈，清华大学的车世光，广播事业局的李齐勋等。他们常常都要等到晚上，工人停止施工时才能进行测量，工作很辛苦，可是大家都很高兴，因为在工作中能不断地学习到新东西。他们后来都成为国内著名的建筑声学专家。

此外马大猷还与南京大学的魏荣爵、北京邮电学院的陈通（电声学专家，那时他刚从苏联留学归来）、同济大学的王季卿、太原工学院的陈绎勤等学术交往很多，征求他们的意见。特别是与魏荣爵教授的关系更为密切，加之南京大学是国内最早设置声学专业的大学，很多毕业生分配到电子学研究所，因而来往不断。在语言清晰度与混响之间的关系上，两个人曾有不同的看法，也有过学术争论，这对促进音质评价和语言清晰度问题的深入研究和发展起到了推动作用。马大猷很重视魏荣爵的意见，每当有重要的学术会议和研究生答辩时，总要尽量邀请魏先生参加。

根据使用的要求，马大猷提出了较高的设计指标：

（1）在开会作报告时，声强平均达到70分贝，相当于对面高声讲话时的声强，声场不均匀度在3分贝以内；语言清晰度达到90%以上。大会堂正常使用时，满场人数为10 000人，若只有3000多人出席时（楼上无人），音质也不能降低。

（2）音乐演出时，平均声强应达到80分贝，声场不均匀度在5分贝以内，对一般音乐保证满意的清晰度和丰满度。

（3）大会堂中的噪声（无听众时）不得超过35～40分贝，以免对报告或音乐产生干扰。

在大会堂建成以后，这些指标基本上都达到了；听众在开会时对音质是完全满意的，认为比某些较小的礼堂还好；在音乐表演时，绝大多数听众也是非常满意的，少数人还有一些意见。

在那样对音质设计不利的条件下，他们是怎样取得这样的成果的呢？音质设计的基本原则，除了厅堂内声强必须够大和噪声必须降低到不产生干扰的程度以外，最主要的是控制下面三点。①混响时间，这是主要的指标。混响可以使声音的强度增加，使音乐更加优美，但是混响也可以使声音前后相混，听不清楚。每一个建筑都有一个最佳混响时间，它的长短和建筑的体积有关，也和建筑的用途（讲话或是音乐、哪一种风格的音乐）有关。②扩散。要求室内各点声场强度比较均匀，每个点上从不同方向传来的声音也比较均匀。声音聚焦是建筑中常见的缺点，必须加以避免。③哈斯效应。当直达声到达以后，相隔长于50毫秒再有较强的反射声到达，听者一般就会感觉到是回声，这被称为哈斯效应。在大型厅堂中这也是常见的缺点，它可以使清晰度降低。因此必须避免长于 50 毫秒的反射声，尽量增加 50 毫秒或 45 毫秒以内的反射声。

他们采取的具体措施是，首先根据大会堂实际布置的要求，确定设计混响时间为 1.8 秒，这对报告是适合的，可是对于音乐来说可能短了一点。10 000 名听众，再加上会堂内的各种设施，特别是走道的地毯有 1700 平方米，使混响时间在 1000 赫兹以上无法提高。为获得这一混响时间，他们对穹顶、周围墙裙都作了吸声处理。其次为了减少观众人数的变化对混响时间的影响，椅垫底面也作了吸声处理，底面打孔 36 个，里面填充矿渣棉，人不坐时翻过来可代替一部分人对声音的吸收。

经过仔细认真的分析认为，大会堂的音质势必采用电声系统来解决，具体办法主要有三个。第一，为开会听报告采用分散扬声系统，差不多每个座位前都有一个小型扬声器，听众听到的主要是面前扬声器传来的声音，不太受建筑大小、体型和混响时间的影响。这方面已经在华沙科学文化宫的扩声系统的运用中有了成功经验。在听众很少、只坐在楼下时，可以将楼上的小扬声器全部关掉，以减少混响的影响。第二，在音乐演出时，使用三路立体声系统，基本保持音乐的立体感，并且可以盖掉回声，增加声场的均匀性。所以，要用三路连用立体声，就是要在扬声器发出的声音和它的反射声之间再加上一些声音，以消除回声感觉。第三，由于高频的声吸收够大了，为保持音乐的美感，主要是增加低频的声吸收，所以采用了共振吸收结构。这样人民大会堂便成为世界上最大的，既可以开会又可以文艺演出的大型厅堂了。当然由于大会堂不是作为音乐厅来设计的，所以在音乐演出时，有音乐修养的听众就不那么满意了。

除了大会堂之外，在人民大会堂里还有宴会厅（体积 90 000 立方米，面积 7000 平方米，可容 5000 人用餐）和小礼堂（9000 立方米，可用于演戏），对它们的声学处理和音质设计就简单多了。整个大会堂正式完成前几天，这座最初叫做万人大会堂的建筑，才由毛泽东主席正式定名为"人民大会堂"。1999 年在人民大会堂建成 40 年以后，总建筑师张镈获得了《建筑创作》杂志社颁发的"20 世纪当代中国建筑艺术奖"。

在最初设定的庆祝国庆 10 周年的十大建筑中，是有国家大剧院一项的。领导提出大剧院要容纳 3000 人。苏联专家认为，大剧院不应当超过 1800 人，苏联的规范就是 1200~1800 人；德国莱比锡的国家歌剧院也不超过 1800 人。所以建 3000 人的歌剧院，音质如何还没有保证。因而马大猷组织了中国建筑科学研究院、北京城市规划设计院、清华大学和电子学研究所声学研究室等单位的人，对北京市现有的一些剧院、电影院（如首

都剧场、天桥剧场等），以及外地的一些较大较好的剧院（如广州中山堂、西安人民大厦等），作了声学特性和音质的调查；他也作了初步设计。后来由于国家财力所限，十大建筑中的国家大剧院和科技馆缓建，这项工作也就搁置了。

第七节　远程有线广播与大功率气动扬声器

1963年，马大猷接受了由中国人民解放军总政治部下达的任务——福建前线远程有线广播系统的设计。这是由罗荣桓元帅决定的"700号工程"的一部分，整个工程包含无线电广播和有线广播两部分。1958年8月23日，中央决定炮击金门，两小时之内有45 000发炮弹倾泻金门岛，这不但使蒋介石和他的靠山美国大为紧张和恐慌，也使世界大为震惊。这就是所谓的"第二次台海危机"。在物理炮弹发射的间歇，还伴随着心理炮弹——广播喊话的袭击。到了10月25日又宣布逢双日不打炮，以便岛上军民获得生活用品。后来双方基本上不打炮了，只发射一些宣传弹。这样有线广播可以发挥作用的时间就更多了。解放军战士都管它叫第二炮兵或政治炮兵。这对瓦解蒋军的士气起了很大作用，一些认清形势的官兵，便纷纷投诚来归。一位在金门前线的国民党师长，家在广东，福州军区就把他的母亲请到广播站来，通过广播喊话对他儿子进行劝说。他的儿子听到以后，思乡念起，情绪低落。后来上头知道了，就把他调离了前线。这种有特定目标的播音，都是先发出节目预告，他们就可以有准备地想方设法收听。由于无线广播不但会受到对方的干扰，而且国民党的统治很严，自然绝不容许前线的军人收听无线电广播，金门的老百姓则连收音机都不许有。持有收音机要经过申请批准获得。有线广播他就限制不住了，特别是，金门前线执勤放哨的士兵甚多，在外边执勤时正是他们仔细收听广播的好时机。于是国民党便也在金门岛上建起了有线广播站，功率很大、音质良好，同我方唱起了对台戏。当然国民党有美国人的帮助，用的一定都是进口货；而解放军这里用的都是从朝鲜战场上缴获的"九头鸟"扬声器。它有9个小喇叭，以3×3的方式组合在一起。前方可部署多个分散的广播点，优点是灵活机动，敌人炮击时可以随时搬动，缺点是功率很小不足以达到远距离传播的要求。国民党的广播不但可以达到我方的前沿阵地，天气好的时候厦门大学乃至厦门市内都可以听见。

1961年2月，时任总政治部主任的罗荣桓元帅视察了福建前线，以后就确定了"700号工程"，建立大型的福建前线对敌有线广播站。直到

1991年4月24日，驻福建部队发言人奉命正式宣布，"自即日起停止对驻金门等岛屿的国民党官兵的广播喊话"。今天这些有线广播站，已成为历史遗迹，开放为旅游地，供人参观，并摆着一个"世界最大的广播喇叭"来展示。由于这是军事设施，其产生过程便不为大众所了解，现在既已公开，这里便稍加详述，以保存这段真实的历史和马大猷领导的几个单位的科研人员的贡献。

"700号任务"下达，解放军总政治部请马大猷负责其中的有线广播系统。于是他便组织有关单位共同协作研究，参加的单位和负责人分工如下：中国科学院电子学研究所（以后的声学研究所）张家騄负责言语清晰度和大气声传播；四机部第三研究所杨锦刚负责大功率电动扬声器；上海无线电十一厂许士兴负责扬声器生产和配件供应；文化部电影技术研究所刘连庆负责调音台设计制造；国家广播事业局李齐勋负责大功率扩音机。福州军区联络部最初提出的指标是，新建有线广播站播音的有效作用距离为10公里，最好达到15公里。因为大金门是一个东西长约20公里，南北最窄仅3公里，面积约130平方公里的狭长的哑铃状小岛。它的前沿阵地距厦门约10公里（小金门和周边诸小岛都更靠近大陆），15公里就可以覆盖金门县城了。可是，这是很难做到的。因为声波向外传播，就像吹一个气球一样，能量向各方向分散，声波传播的距离越远就相当于气球吹得越大，那么气球的皮就会越来越薄，也就是单位面积上的声能（声强）越来越小。这叫做球面衰减，声强是与距离的平方成反比的。声波传播还受到另一种衰减的影响，那是由声波引起空气的质点运动带来的能量损失，以及由大气运动（如刮风）、温度变化（主要是垂直方向）等造成的声线的变化，这就是超额衰减。这两项加起来，在通常情况下，1000赫兹的声音每走1公里，就要衰减5分贝以上。

为了弄清现场的实际情况，福州军区联络部派周炳炎为联络员，组织有关单位派员到福建前线考察。周炳炎精明干练，文质彬彬，长期在有线广播站工作，后来做了小嶝有线广播站的副站长。1964年6月，电子学研究所的张家騄、李炳光、李健山，四机部第三研究所的杨锦刚，文化部电影技术研究所的刘连庆和苏功志，上海无线电十一厂的许士兴和王技术员一同前往。根据国内的技术条件，能够生产的扬声器的最大功率为180瓦，由四机部第三研究所杨锦刚主持设计、上海无线电十一厂生产（许士兴负责），已经试制出一个3×3组阵的样品，可供进行初步的实验。以胡里山广播站为基地，以3×3扬声器阵为声源，沿海相距每一公里设一只登陆艇，用声级计测量声压，获得大气声衰减的数据。气象条件则只能有

1964年6月福州军区联络部王处长（前排左五）和联络员周炳炎（右一）与"700号工程"工作人员（缺广播事业局）合影

地面测量数据和探空气球得到的数据。近地面几十米或几百米的数据无法得到，而这些数据对于有线广播来说是最重要的。曾经有过利用一座现有的铁塔，安装气象记录仪器的设想，后来由于不易找到高空作业人员，而且铁塔距离海边很远、气象条件相差较大而作罢。这就意味着无法根据准确的气象数据，对声传播进行理论分析和预测，只能靠现场测量积累数据。

根据在不同季节初步的测量结果，10公里远程有线广播需要的声功率要在几千声瓦的量级。一般电动扬声器的电声转换效率是很低的，加了喇叭以后会有所提高，但是要产生上千声瓦的声功率就需要上万瓦的电功率驱动,这样大的音频功率放大器是很难想象的。另外,对太多的小功率单元进行组阵,各单元的一致性也很难保证。于是马大猷便提出分两步走的方案:第一步利用现有的 180 瓦的电动扬声器进行组阵(就是把多个扬声器按不同的方式排列,利用指向性以取得声能的有效利用),在有限功率条件下,以接收点取得最大的语音清晰度为原则,进行这个播音系统的设计;第二步设计制造大功率扬声器。

1964 年夏(声学研究所成立以后),在新任学术秘书李炳光的陪同下,马大猷亲自到福建前线考察参观。他不顾天气炎热和身体疲劳,乘登陆艇到各小岛参观调查。马大猷归来后,由于上级领导要培养他入党,所以就让他参加中国科学院去山西省洪洞县万安公社的"四清"工作队,他化名马友担任普安工作队副队长。由于他在农村能放下架子,吃苦耐劳,被中共陕西省委重点县社教总指挥部政治部洪洞县社教工作团万安分团评为"五好"队员。他因为要在山西洪洞那里工作一年,所以决定 1964 年年底由张家騄组织大规模的现场测试,参加人员有杨训仁、田时秀、李健山、张扩基、吕士楠、康锡泉、魏文和杨九昇,测试内容包括大型扬声器组阵特性测量,10 公里远程大气声传播测量。由于加装喇叭的 180 瓦大型扬声器尺寸很大,无法在消声室内进行测量,特别是进行组阵以后,尺寸更加巨大,所以只能想办法在现场测量。他们终于创造性地采用半无限空间的测量方法,在地上挖出适应扬声器组阵尺寸的深坑,将扬声器置于地下,喇叭口朝上。在喇叭口上方 10 米处,用钢管支起一个十字形钢丝,其中心与扬声器阵中心对正,在十字钢丝上以距扬声器阵中心 10 米为半径悬挂多个传声器,用来测量指向性。对 1×1、1×2、1×3、2×2、2×3、3×3 等各种阵型进行了测量,测得的结果与根据小型扬声器同样阵型得到的预测结果很相近。据此他们提出了 4×6 的组阵方案,这样可以将向上方辐射的声能向地面压缩,而地面的辐射面可以加宽。

大气声传播测量用 180 瓦电动扬声器 3×3 组阵做声源,以胡里山广播站为基地,向西找到无人居住岛屿——鸡屿(恰好相距 10 公里),作为主要的终端测点。两点间在距声源 1 公里、3 公里、5 公里、7 公里各处均有登陆艇作为测点,用声级计测量声压。各测点间均由军事通信系统相互联络。测试信号为纯音 250 赫兹、500 赫兹、1000 赫兹、1500 赫兹,在气象条件良好的情况下,还进行了言语可懂度评估。由于 10 公里测点接收到的声压级很低,声级计很难直接测量,所以设计了等响测量法。在 10 公里测点配置局地声源,播放与主声源频率相同的纯音信号,用精密衰减器控制局地声源的输出,使之与主声源的信号等响。只需在实验室校

97

1964年12月福州军区联络部联络员周炳炎（后排右五）、韩干事（后排左四）和湖里山广播站王站长（后排左五）与中国科学院声学研究所的工作人员在大功率扬声器组阵现场合影（左侧为3×3号筒扬声器组阵）

准局地声源，便可定出主声源信号的声压。经过一个星期在不同气象条件下的测量，他们获得了大量的大气声传播的数据。这样就可以得到大气衰减的频率特性，为设计调音台用电信号来补偿声衰减提供依据。

鸡屿是个无人居住的小岛，但却是个埋着大量骨殖罐的坟场，破碎裸露的骨殖罐随处可见，工作人员就睡在帐篷里，不免让人毛骨悚然。伙食由停在边上的登陆艇供应。虽然如此艰苦，但是大家为了工作紧张而快乐。其间，福州军区联络部安排张家䮊到最前沿的小岛——角屿，去观察蒋军的喇叭堡，分析他们的广播。因为那里距离大金门只有1.8公里，可以说是鸡犬相闻。小岛不到一平方公里，与大陆之间的往返交通十分不便，要坐渔民的帆船，天气不好就中断了，岛上又没有淡水。住在工事里，墙面上都是水珠，生活十分艰苦。那里有一个广播站，机器设备并不太好，可是广播站的官兵们一直坚持工作，取得了很好的成绩。各种声学测量工作完成以后，回到厦门已经是新年了，驻军首长还特别招待慰问他们。福州军区联络部还曾致信中国科学院声学研究所和马大猷，谈及远程有线广播在对福建前线国民党军队宣传中起了很大作用，有的起义来归的飞行员，就是在有线广播的指引下起义的。

回到北京以后，研究组立即向马大猷汇报现场测试结果，并确定了向福州军区提供的扬声器的组阵设计和调音台频率提升方案。按照他的指示，接下来就立即开始大功率扬声器设计。于是研究组成员便花了半个月时间，前往中国科学院图书馆和科学技术情报研究所，查阅有关扬声器的所有专利。大家分工合作，有的专查磁路设计，有的专查振动系统，有的则查气流调制扬声器，很快就掌握了有关大功率扬声器的国际现状。接下来研究组分成两个小组，一组研制1000声瓦的电动扬声器（当时只看到了德国报道有1000声瓦电动扬声器，并没有详细资料），由沈嚎和李健山负责；另一组研制1000声瓦的调制气流扬声器（亦称气动扬声器），由张家騄和张扩基负责。电动扬声器仍然与上海无线电十一厂合作，设计方案定下来以后，首先遇到的是材料问题。高级的永久磁铁很难找到，所以就改用软铁励磁，但高强度的铝漆包线也很难找到。气动扬声器当时连资料都没查到，所幸上海无线电十一厂曾经得到过一个小型的样品，但是他们始终没能让它工作。因而气动扬声器是否能够用于语音广播，大家都没有把握。这个样品拿到声学研究所以后，经过调试可以产生语音，但是结构不太合理，失真较大。虽然如此，但这也增加了他们的信心。于是他们就自己重新设计一种圆环式结构，内部圆环固定，套在定环外面的外部圆环与音圈相接，由电信号驱动。两个圆环上铣出完全相同的多排槽口，供气流通过。当气流通过时，动环随电信号的振幅而上下运动，对气流进行调制就发出声音来了。其间得到了天津广播器材厂（生产高音喇叭）于师傅的很多帮助，他是绕制音圈的老手，技术很好。开始实验时音圈支撑采用胶木板，很快就构成了一个新的气动扬声器模型，利用第八研究室现成的空气压缩机，经过初步实验，效果很好，但是胶木板容易疲劳，寿命太短。经过初步测量，调试好了可以产生近百声瓦。1965年上半年，在北京展览馆举行工业展览会，送去的气动扬声器模型还参加了展览。后来改用与电动扬声器同样的音圈支撑，只是提高了共振频率，性能就大大改善了。于是声学研究所订购安装了第一通用机械厂生产的大型空气压缩机，供大型气动扬声器使用。

1966年7月，"文化大革命"开始不久，解放军总参谋部为保证福建前线广播系统正常工作，派出有关人员赴福建前线调查研究，由总参作战处张（峰？）处长率领，参加人员有总参保卫部薄同志、一位总参通信部的同志、声学研究所张家騄、上海无线电十一厂王师傅等。他们在厦门对各广播站进行考察，包括连接电缆（由总参通信部负责），以保证在受到敌方攻击时也能正常运转。当地白蚁为患，铅皮电缆也不能幸免。所以考虑采用合适的塑料包皮。等他们考察回来，就已经看到"天下大变"了。红卫兵大行其道，一些人被抄家；张家騄立即被强制劳动；随后马大猷也

被关进了"牛棚"。

"文化大革命"到来，红卫兵运动、工宣队进研究所，闹腾了一气，搅乱了研究秩序，研究工作被迫暂停。可是一个正直的科学工作者的心，是永远不会停止科学思索的，"700号工程"并未停止。这时大家都不敢同马大猷这个被贴上"反动学术权威"标签的人接触，他就自己开始了对火箭竖井吸声的设计。"700号工程"虽然还在继续，可是上海无线电十一厂的协作终止了。研制气动扬声器的张扩基、张家骧和魏文则得到了研究室内金工车间工人师傅孙象贤的帮助。他是一位从空军转业来的受过机加工训练、心灵手巧、肯于钻研的工人。研究人员有什么设想，不必画出正式图纸来，他就能给你加工。有了他的合作，大家很快就共同研究出多排槽一次铣加工的方法。速度快了，质量好了。那时候工人阶级吃香，他又是转业军人，于是大家就管他叫"700号工程"的"号儿长"。这时整个气动扬声器，除了喇叭以外，都可以自己加工制作，包括酚醛树脂布支撑（模具是外加工，水声实验室有油压机）。那时候可没有环保意识，更谈不上保健措施，有的只是"一不怕苦，二不怕死"的精神，酚醛和丙酮是经常直接接触的。经过多次室外实验证明，声功率已达到1000声瓦。它不但可为福建前线有线广播提供新武器（福建前线使用的并不是由声学研究所制造的），也成为用于音频广播的世界上最大的气动扬声器。国际上只有产生噪声作环境实验用的气动扬声器和在港口用的气动雾号有上千声瓦量级的。马大猷在《二十世纪的中国声学研究》（马大猷，2005）一文中，在叙述50年中国声学的主要成就时，特别提到了这位工人师傅的贡献，他写道："张家骧、张扩基与机械工人孙象贤合作研制1000声瓦电动气流扬声器成功，以后发展到2000声瓦，甚至10 000声瓦。"

"文化大革命"时期，虽然马大猷被"打倒"，但他仍然关心研究工作的进行情况，在他的工作笔记中就记载有这位工人师傅对当时研究组内没有组织领导的"混乱状态"的批评意见："孙象贤说，700号，一人一杆号，各吹各的调。"

"文化大革命"打断了声学研究所与上海无线电十一厂合作的1000声瓦电动扬声器的研究工作，当时软铁制的磁路系统和大尺寸的球形酚醛树脂膜片均已完成，运回了北京，这是沈嚎和李健山他们工作几个月的成果，但工作却无法继续下去。负责人沈嚎也转向了气动扬声器，他采用的工作原理是，用振动音圈直接启闭气流通路（与前述多排槽相对应，也称为单排槽），用硅橡胶作为支撑，共振频率较低，不适于音频广播，但效率较高，很适于产生噪声做环境实验。一项任务采取不同的方案来实现，这也是常有的工作方法。所以当时群众流传的"700号,一人一杆号,各吹各的调"的说法,是带有片面性的。这正反映了声学研究所的研究人员对任务认真负责的精神,他们既不去打"派仗",也不愿做无所事事的逍遥派。"福建前线远程有线广播系统的研究与设计"这项工作,于1979年获得了中国科学院重大科技成果奖。前些年在北京的钟楼上播放新年钟声的,就是由中国科学院声学研究所提供的气动扬声器。

1974年"文化大革命"已是强弩之末,马大猷仍不忘他承担的"700号工程"的责任,对已研制成功的气动扬声器进行了理论分析,使其成为一项完整的科学研究工作。他写出了论文《调制气流声源的原理》(马大猷,2005),在《物理学报》上发表。这充分体现了他研究工作的理念:科学研究不单是提出问题和解决问题,而且要作理论分析。因而,用气动扬声器的大功率广播可以说是中国科学院声学研究所的一项发明创造,中国科学院声学研究所完成了从设计制造、实验应用到理论分析的全过程。

"文化大革命"期间,清华大学数学力学系的席保树,曾到声学研究所来参观取经,声学研究所毫无保留地向他作了介绍。回校后他也做气动扬声器,后来成了清华大学的警报器。改革开放以后,声学研究所制作的这种大功率声源还向英国出口。1987年研制气动扬声器的主要成员张扩基还应邀前往英国进行合作研究。

马大猷向英国科学家福克斯·威廉教授介绍声学研究所制造的气流扬声器的构造

马大猷对声学研究不但有经验而且看得远,在第九研究室建立之

初,就设置了一个金工车间,还派人到长春光学精密机械与物理研究所去实习。他认为现代声学和工程是分不开的。他的这一措施为后来的研究工作带来了很大的方便。后来,陶中达,一位天津大学精密机械系毕业来所的研究实习员,60年代初采用脱胎镀膜法成功研制电容传声器,也是在这个小金工车间诞生的。这一研究成果后来转移到北京797厂批量生产,为中国电声工业水平的提高作出了贡献。这一工作进一步发展成驻极体传声器,由于质量好成本低,在国际上有竞争力,还向英国出口。经过了10余年的不懈努力,马大猷在"大跃进"中产生的梦想,才逐步开始实现。

第八节 为了发展声学重新登上讲台

马大猷一贯重视教育问题和科研人员的基本训练,声学研究室筹建伊始,他便撰写了《声学术语》一书,书中不但有中英文名词对照,还有简要的定义和解释。这对于初入声学之门的研究人员来说,实在帮助很大。有了这本工具书,他们在阅读专业文献时就方便了。他还安排吕如榆、韩大钧等人翻译白瑞内克的新专著《声学》。当时在中国还没有声学方面的专著可供阅读。

1958年5月,张劲夫向中央申请成立中国科学技术大学,很快就获得了批准,立即招生。1958年9月20日,中国科学技术大学正式成立并举行开学典礼。中国科学技术大学的办学方针是"全院办校,所系结合",无线电电子学系就由电子学研究所负责,马大猷任副系主任,系内设声学专业。

1959年,有一批工学院毕业的大学生和科学院在各地分院的人员到电子学研究所进修,马大猷便组织成立物理训练班,加强他们理科方面的训练,以适应科学研究工作的要求。他委派入室弟子李沛滋负责物理训练班工作,并讲授流体力学。李沛滋做研究生以前就是一位大学讲师了,教学经验比较丰富;同时还调来了李沛滋的爱人朱培萍教物理学,并邀请其他基础课的老师。他们精心地编选教材,认真授课。这些学生经过两年学习,毕业后有十几名留在了声学研究所,很快就都成了研究骨干,承担重要研究任务。

1959年北京大学无线电系开设声学专业,聘请马大猷讲授声学。他选定的主要参考书就是白瑞内克著的《声学》,这是白氏在哈佛大学讲课的教材。学生们都到电子学研究所新建成的大教室来听课,为节约学生从学校到电子学研究所的往返时间,每周四节课连上。这时马大猷当选第三

马大猷领导的第九研究室（普通声学）全体人员

1962年物理训练班毕业同学与老师合影（前排左五马大猷）

届全国政协委员，为了不因开会而影响教学，他去开会的时候，就请研究生张家騄来代课。为了保证教学质量，唯恐代课人达不到要求，他打破以前只带几张小卡片讲课的惯例。他去开会以前，总要写好教学笔记，而且写得尽量详细，还对《声学》一书中的疏漏之处一一加以订正。这不但可

以保持他原来的教学思路体系,还给代课人也精心地上了一课。让研究生在实践中锻炼提高,也是他的一种教学方法。后来,中国科学技术大学的声学课也是由他来讲,由于他忙于多方面的工作,自然还是免不了请人代课,但他总是选择适当的人选,作好妥善的安排。

20世纪50年代,新中国刚刚成立不久,恢复和发展工业生产是当务之急,还谈不上噪声控制问题,工业部门对此还没有认识。因而为了降低噪声要改动机器或生产过程,也得不到他们的支持。那时只有纺织机噪声突出,使工人们烦恼,车间内说话困难,影响工作。60年代初,电子学研究所第九研究室曾派研究人员前往天津协同纺织机械研究所共同解决纺织机噪声问题。由于当时纺织机的主要噪声源是梭子运动的撞击噪声,很难降低。一位刚参加工作的研究人员,急于求成,虚报结果,受到了马大猷的严厉批评。弄虚作假是他最不能容忍的作风。尽管在"大跃进"时期,此风甚盛,他也绝不随意吹嘘研究成果。最后这项工作也就失败了。直到无梭纺织机发明以后,这个问题也就自然解决了。

1965年,为了适应经济建设发展带来的对噪声控制的要求,他组织了一次全国的噪声训练班。99名学员来自全国各地,主要是工业部门的工程师和技术员,也有的来自学校和劳动保护部门(那时还没提出环境保护),在声学研究所上课。他不但安排声学研究所的有关人员去讲课,还亲自主讲。当时,全国对噪声的物理性质及其对人的危害、如何测量噪声和如何控制噪声等,都还没有深入的认识。经过20多天的讲课、实验和到工厂参观,培养了一批专业人员来做有关噪声控制的科普工作,并广泛开展噪声控制。最后他们还作了一次北京市交通噪声的调查,整理分析调查结果,写出了报告,但由于"文化大革命"的到来而没能发表。这为以后环境保护中对噪声污染的整治,预先作好了组织上和知识上的准备。

第九节　火箭噪声、人造卫星与高声强实验室

1965年1月,钱学森和赵九章鉴于我国火箭技术已经有了一定基础,于是就建议中央早日制订人造卫星研究计划,得到中共中央专门委员会(中央专委)批准。研制人造卫星任务被称为"651工程"。当时总体分工是中国科学院负责卫星和地面跟踪系统。由于马大猷以前就参与"581任务",这一次卫星的声环境实验就由他承担。于是他就设计了高声强实验室,以便把卫星和其中的仪器设备放在里边进行声疲劳实验。实验室在香山脚下的团城边上(中国科学院植物园内),很快就盖好了,与此前的次

全国噪声训练班师生合影（二排左十马大猷）

声实验室相邻。这时气动扬声器的研究已经取得了显著的成果，便采用它作为声源。这样便要配备两台大型空气压缩机及相应的电源供给设备。此外还设计制造了高声强驻波管，供高声强行波测试用。到 1965 年年中，气动扬声器逐渐成熟，以后在高声强实验室中调试成功，可达到 160 分贝的声压级，这相当于 100 台喷气发动机同时工作，在 25 米远的地方产生的声音大小。在驻波管中可以达到 170 分贝。130 分贝的声音，人的耳朵就开始痛了，声音再大就可以使鼓膜破裂。

要发射人造卫星，就需要研制大型运载火箭，火箭噪声是必不可免的研究课题。于是国防部国防科学技术委员会（国防科委）便将火箭噪声研究下达给声学研究所，由马大猷负责这一课题。经过层层审查，办理手续，1965 年 11 月初，马大猷率张家骒、莫中廉、郑敏华三个年轻人前往酒泉发射场（当时称 20 号基地，地址在额济纳旗，并不在酒泉）。首先要从北京坐火车到兰州，那时北京到兰州是隔日才有一趟火车；再从兰州坐火车西行到清水，也不是每天都有车可乘；到了清水就住在兵站里，等待去发射场的专用列车。兵站安排住宿，还闹出了笑话。那时马大猷是二级教授，张家骒是八级助理研究员，小战士误将两人分别当成了二级工和八级工来处理；八级工是工人中级别最高的，所以就安排了一个好房间，而马大猷反而给了个差一点的房间。费了一番口舌才作了正当的安排。坐上

马大猷（左二）在指导高声强驻波管测试研究

专列就不知东西南北了，车外一片荒原，走了一夜，基地有人来接，住进基地招待所，这里以前是给苏联专家住的。没住几天，张家骏就开始流鼻血不止，不得不住进了医院，床上还挂了红条。可是住了两天，火箭（东风5）发射在即，他们来就是为了对火箭噪声进行录音的，他就跑出了医院，赶快回到招待所，准备现场录音。所幸刚从丹麦进口了户外传声器，可放置在距发射架50米以外的地方。录音设备就放置在地堡中的发射控制室内。一声口令，火箭起飞，噪声轰鸣，那真是激动人心的一刻！

马大猷由二炮的一位崔参谋长陪同，在观察室里观看了发射过程。在基地工作期间，他给基地的有关人员作了关于火箭噪声的学术报告，他详细讲述了火箭噪声的产生机制及其对火箭蒙皮产生的声疲劳与对仪器设备造成的损坏，特别举出了国外因此而引发事故的实例。二炮方面提出，先进国家的战略火箭布置已从地面转入地下，火箭发射已从地面发射改为地下竖井发射的方式。这样噪声的影响更加严重，亟待解决。这可是一项全新的研究任务，不仅没有现成样品可供参考，也没有现成的资料可查。竖井发射就是为了隐蔽，里边什么样根本无从知晓，只能根据工作条件自行设计。这也是一种科学的竞赛，虽然我们现在跑在后边，可是要尽快赶上去。所以本来基地邀请他们再参加不久就到来的下一次发射，可是马大猷急于开始研究工作，测得声级作好录音后，就决定立刻返京了。虽然在基地他们就看到了报上登载的姚文元的文章——《评新编历史剧〈海瑞罢官〉》，可是哪曾想到这竟是一个中国人大难临头的信号，他们回到北京不久，那场影响深远、令人难忘的"文化大革命"就开始了。

后来由于"文化大革命"的冲击，为保证"651任务"的顺利进行，1966年中央专委将卫星研制任务划给军队执行，改由国防科委全面负责。有关部门（第九研究院）派技术人员到声学研究所来进修，全部设计资料和有关实验技术，也就无偿地转让了。后来人造卫星也就没有在这个国内首先建成的高声强实验室里进行实验。此后第三机械工业部（航空工业）倒是常来进行飞机蒙皮和部件的疲劳实验，也有单位来进行强声的生理效应的实验，获得了一批很有价值的成果。当时通过《参考消息》的介绍，一个关于频率很低的次声武器可以使人血肉模糊的谣传，在国内流行开来。利用豚鼠在高声强实验室中的实验表明，那是不可能的。科学实验粉碎了谣言。20世纪90年代以后，马大猷领导学生们在这里开展非线性声学研究，获得了许多重要结果，在国际上产生了很大的影响。

第十节 "文化大革命"搅乱了科研秩序

经过了"四人帮"一番精心策划的舆论准备，1966年5月"文化大革命"拉开了序幕，来势凶猛，令人困惑，就连作为"文化革命"小组组长的陈伯达，一开始也是讲了一些什么从东方到西方、从西方到东方的文化变革，令人摸不到头脑。打倒走资本主义道路的当权派和资产阶级学术权威，也是没有界定的罪名。中国科学院是继高等学校之后首当其冲的地方，就连中关村面包房技术高超的面点师傅，也成了"资产阶级学术权威"，被带上高帽子游了街。一时间这个被带上高帽，那个被挂上牌子，这些现象在中关村大街上接连不断发生。中关村大操场也成了批判大会不断的场所。

北京大学是聂元梓写出《第一张革命大字报》的地方，大家都得去参观学习。一天，声学研究所的革命群众带着马大猷一起去看大字报，第九研究室的一个卑劣小人在马大猷的背上贴了一个小条，条上写着"胡适的大弟子马大猷"，企图引起群众的注意，制造事端。随后在声学研究所内，又散布马大猷和胡适关系密切，说他曾经是胡适儿子的家庭教师，凭着这层关系才当上了北京大学工学院院长。当时青年人都不了解那段历史，当事人马大猷又无权申辩。这件事混淆了视听，人们难辨真假。多亏"文化大革命"后，1993年白吉庵在他的《胡适传》中对胡适出长北大这段历史记述颇详，同时又有胡适日记佐证，终于弄清了北京大学工学院任命院

院长的始末,马大猷完全是由于他的个人能力,早就参与傅斯年主持的工学院筹备工作,又经理学院院长饶毓泰推荐,才被胡适聘为工学院院长的。这一过程在上一章中已经说过了。

"文化大革命"的烈火越烧越旺,一些宵小之徒便出来捞取个人利益,借机发泄私愤。那时马大猷住在中关村 31 楼,本来每天骑一辆早年买的、由进口零件攒起来的自行车上下班。现在被挂上"反动学术权威"的牌子,就得走路上下班;后来工宣队进入中国科学院,各单位普遍建立了"牛棚",他也就被关进去几个月。

所里某人,见马大猷被打倒了,研究室里对他不利的人也都被运动群众给整得差不多了,很是意洋洋,于是心生毒计。他不但对声学研究所没给他提级很不满(实际上是他不符合提级的规定),而且还因为他老婆没能提级,而怀恨那个单位的人事处长。于是他就冒那位人事处长之名,在大街上贴出反动的纸条,企图嫁祸于人。可是没过多久,公安局就查明真相,把他抓了起来。"文化大革命"成了一面透视全民人品的镜子。

马大猷是一位自尊心很强的学者,那时的屈辱对他的精神一定造成很大的伤害。可是他对待科学事业火一样的热情,并未因此而熄灭。在他还可以工作的时间里,他就努力工作。由于装备产生的噪声非常大,噪声功率足以开动一辆大型卡车。加之装备产生的恶劣条件,一般的吸声材料和吸声结构是不能使用的。他根据深厚的理论基础和丰富的实践经验,想到了采用穿孔板吸声结构。一般的穿孔板吸声结构已经有了比较完整的理论分析和设计数据。为了穿孔板的声阻能与大气的声阻相匹配,就要在穿孔板后面填充玻璃棉、矿渣棉等多孔性材料。这种办法在竖井中是行不通的。于是他就想方设法让穿孔板本身解决声阻问题,而不另加多孔性材料。经验表明,穿孔板的声质量大致只和穿孔率有关,而声阻则与穿孔孔径成反比,因此声阻和声质量可以分别加以控制。这样就可以采用金属或其他材料制造穿孔板,只要把孔径减小到丝米①级就可以了。这个概念虽然在北欧国家有人提到过,但是没有理论分析。第九研究室金工车间的孙向贤,提出来可采用缝鞋用的缝纫机在薄铝板上打孔的办法,很快就加工出样品。于是就在混响室中进行大面积测量,证明了上面的估计完全正确。接下来马大猷就可以进行细致的理论分析了。

他采用了两种分析方法,一种是物理声学方法,另一种是声电类比方

---

① 1 丝米＝0.1 毫米。

法。物理声学的方法是，把微穿孔板上的众多小孔，看做大量微管的并联。如果孔间距离比孔径大得多，就可以假设各孔（微管）之间互不影响。这样，他利用瑞利（Lord Rayleigh）对微管中声波的分析表达式并加以必要的修正和简化，得出了可用的结果。为了便于工程应用，他还把这些公式变换成容易查阅的图表，这样设计工程师就避免了繁复的公式运算之苦。他进一步把上述理论分析的结果，发展到漫入射的情况，以及做成双层微穿孔板结构。这样数学表达式自然就更加复杂，于是他便建立了双层串联微穿孔板的等效电路，看起来简单明晰，容易处理。为了检验理论计算结果，他还在混响室里和驻波管中测试了不同板厚（0.5毫米和1毫米）、不同穿孔率（30 000孔/平方米，80 000孔/平方米）、孔径均为0.75毫米的微穿孔板吸声结构的吸声特性。当时任务下达单位也派来了进修人员参与这些实验。工作完成以后，马大猷便将这些研究结果提供给相关单位，以后就没有下文了，他对此至今都感到遗憾。

1975年他写出了一篇论文《微穿孔板吸声结构的理论和设计》（马大猷，1975；2005），并发表。正是这篇论文，才使这项完成了任务却没有下文的工作后来对德国甚至欧洲产生了巨大的影响，这将在下一章中详述。

1968年，中国科学院声学研究所被海军第七研究院（总字817部队）接管，改名为第七研究院第二十一研究所，代号为京字110部队。这时"工宣队"进所，独揽大权，指挥一切。"知识越多越反动"的谬论被当成真理，知识分子沦落为"臭老九"。1969年1月，第七研究院在湖北当阳建立"五七"干校，第二十一研究所下放10名研究人员到湖北当阳参加"五七"干校。被打倒的"反动学术权威"——汪德昭、马大猷、应崇福则只能蹲在牛棚里。老一辈科学家在新中国发展科学的宏伟蓝图规划下，费尽心力组建起来的声学研究所，就要陷入灭顶之灾。

第十一节　重回物理研究所　现代声学得以幸存

1970年，第七研究院第二十一研究所解体，水声部分划归国家海洋局；有些人曾经积极活动想把声学研究所第八研究室（超声学）和第九研究室（普通声学）也纳入部队系统，但没成功。谢天谢地，这两个研究室并入中国科学院物理研究所，仍保留原建制和编号。马大猷、应崇福又重新回到了他们初建声学研究小组的老地方。物理研究所热情欢迎他们，中国现代声学的发展在正确的轨道上得以延续。物理研究所是中国科学院的老所，施汝为先生任所长，威望甚高，沿袭原应用物理研究所的传统，科研管理有方、学术空气浓厚。尽管受到了"文化大革命"的严重冲击，但是绝大多数正直的领导干部和热心科学事业的研究人员与管理人员，仍在努力发展科学研究工作。尽管有"文化大革命"的干扰，实验室建设却仍然进行。声学部分并入物理研究所不久，就在电子学研究所院内新建一座二层小楼，晶体实验室和语言声学实验室得以独立。这时马大猷的境遇也有所好转，他又为语言声学实验室重新设计了轻结构的测听室，不但为"文化大革命"初期遭到批判摧残的言语清晰度实验和可懂度理论研究重新创造条件，也为后来完成总参三部1973年委托的声码器研制任务创造了条件。原有的金工车间也迁入新建小楼中，并得到了扩大。

这时语音识别研究仍在开展，由西南联大1944届的老学生徐焕章负责，20世纪70年代初采用半导体电路建立了口呼数字识别系统。后来马大猷订购了丹麦B&K生产的动态频谱仪，这是多年以来就想得到的有力工具。动态频谱仪中配有小型计算机，俞铁城就把这台小型计算机（只有32k内存）用于语音识别，他是国内采用计算机进行语音识别研究的先行者。当时物理研究所也有一台NOVA机，语音准动态频谱分析就是在这台机器上完成的。真正爱国献身科学的研究人员，在"造反有理"的那段日子里，也不会放弃他们的本职工作。

马大猷指导1978年湖北随县出土的曾侯乙编钟的声学分析工作（右一马大猷，右二史树青，右四汪德昭）

曾侯乙编钟和有关研究人员（前排左五马大猷）

马大猷正指导俞铁城将频谱仪上的小型计算机用于语音识别工作

1972年，尼克松访华，随行配备了先进的保密通信系统，其中就有50年代中国就开始注意的声码器。中美关系的大门打开以后，中国的外交也出现了新局面，保密通信问题日益突出。于是1973年总参三部委托物理研究所普通声学研究室研制2800比特/秒的高质量声码器。当时比较成熟的技术是通道式声码器，这也是10多年前在声学研究室做过的工作，有一定的经验。通信兵部的李长恩等也做过通道式声码器。可是由于当时电子技术的发展水平（只有模拟电路），以及国内技术条件的限制，音质都不够令人满意。70年代初，数字电路在国内刚刚兴起，所以研究小组决定采用数字电路。当时又有了计算机（除了本室的小型机之外还得到了总参二部大型计算机的帮助），于是李昌立、莫福源、宋知用就先在计算机上进行模拟设计方案，以后再做硬件电路。这不但方便工作，而且大大地提高了设计方案的水平。当时不是照抄国外的方案，而是根据汉语的特点自行设计。根据汉语清晰度试验和可懂度理论的研究结果，首先，在对通道频带的划分上采用等信息通道（每个通道的清晰度指数相同）；其次，特别注意基频提取的精度，以保证声调的正确传递。1979年在常州无线电厂的协作下，生产出样机，通过了鉴定；后来还获得了国家技术发明奖二等奖。

马大猷（左一）与外宾了解国内最早的将微处理器用于语音信号处理的工作

此外，北京地铁运行不久，发现噪声问题严重，马大猷亲自参与调查研究，最终发现是湖南湘潭生产的电动机在设计上存在缺陷。经他指点以后，噪声降低了10分贝。

在"文化大革命"中，反正他也不参加哪一派，用不着写大字报打派仗。除了这些零星的工作以外，他就抓紧时间搜集声学词条，写成卡片，不断积累，为撰写大部头的《声学手册》作准备，与年长的研究人员沈濠合作，书稿终于在1983年出版。这是一部声学工作者必备的工具书。全书24章，涉及声学各分支，内容广泛、资料丰富，从基本概念、名词术语到各方面的实际应用和相关数据都详加罗列。出版后深受各界欢迎，2004年又出了修订版。要不是"文化大革命"卸去了他肩上的许多非学术的负担，他还真找不出这么多时间，来写这样一部工具书。

1971年"九一三"事件发生，随着"亲密战友和接班人"林彪的死亡，"文化大革命"也进入了一个新阶段。这期间，马大猷有一天突然在办公室晕倒，多亏有高彦良，一位1958年来研究所的见习员，他与物理研究所的司机关系很好，积极安排车辆送往阜外医院就诊，医生诊断为脑痉挛。回家以后，又出现中风症状，在夫人王荣和大夫的精心安排和护理下，又在西苑中医研究院住了一段时间，才逐渐康复。

1971年不知谁想出的新花样来训练知识分子，那时叫做"拉练"，就是大冬天背着行李，在门头沟和房山的西山里徒步行走，途经上下苇甸、雁翅、斋堂，到达黄塔，途中有些山路、土路不太好走。尽管他曾经病倒过，也不能幸免，他参加第二批队伍，这时他已近57岁了，其艰苦的程度自不必说，但这些他都能欣然对待。超声研究室的支部书记，是一位转业的老干部，年纪也很大，还有肺部疾病，照样得去拉练。从黄塔接着还要翻越百花山（拔海约2000米，是北京第三高峰）到堂上，以后上了国道就比较好走了。再经霞云岭、河北镇到达石门营，这就算回到北京城了，耗时10余日，他一切自理并没成为"累赘"。

这时国内政治环境稍见平静，"抓革命，促生产"的口号常会献声，这为热心科学研究的人提供了保护伞。没有人给他下达什么任务，马大猷便又开始抓起了声学研究。他毫不在意"牛棚"之苦，也不记恨有些人的过火行为，开始走"群众路线"，分批找人座谈，听取如何搞好第九研究室声学研究工作的意见。这时群众倒是一改过去面对"权威"拘谨少言的局面，七嘴八舌，说什么的都有，但谁也说不准声学到底应该如何发展。这是很自然的，那时候我们的国家要怎么发展还不清楚呢。当时有些单位找上门来，只要是声学问题他就会帮助解决，诸如射击运

动中使用的声控飞碟抛靶机、石景山钢铁厂的氧气顶吹转炉的声音自动识别（有经验的老工人可根据转炉发出的声音来判断钢水是否炼好了，希望能利用机器自动控制）等很多实际问题。中国科学院的大门对外完全是敞开的。

1973年5月，罗马尼亚召开全国声学学术会议，特别邀请中国科学院派员参加。经周总理在中国科学院的联络员刘西尧批准，物理研究所派张家騄、林仲茂前往与会。马大猷认为参加学术会议就要发表论文，特别是应邀赴会，带去的最好的礼物就是论文。他自己是这样做的，也要求部下照办。1956年他访问苏联，参加苏联全国声学会议，发表了《中国的声学》和《矩形室内简正振动方式的频率和方向分布》两篇论文；1964年，他参加匈牙利第三届全国声学会议时，也特别组织实验，写出论文《截幅语言特性分析》并在会上发表。张家騄深知马大猷的要求，拿以前发表的论文是通不过的，可是几年来的"文化大革命"弄得连研究工作都很难做了，谁还敢写论文哪。现在既然是上面派下来的任务（当时中国和罗马尼亚的关系很密切），就认真去完成吧。于是，张家騄便把他在言语可懂度理论研究中建立的各种语言单位清晰度试验得分间的统计关系模型，从汉语扩展应用到日语和英语。很幸运，经过一番努力，利用过去积累的资料，取得了满意的效果。马大猷对学术问题总是严肃认真的，受过"文化大革命"的磨炼，更加小心谨慎。他看过写出的论文并对英文稿仔细修改审定，为了慎重起见，特别组织了一次论文审查报告会。会议由物理研究所所长施汝为主持，邀请南京大学物理系主任魏荣爵、语言研究所学术秘书刘涌泉、心理研究所学术秘书徐联仓，以及物理研究所的有关人员参加，其规模和郑重程度远超过十几年前张家騄的研究生毕业论文答辩。

张、林二人在中国科学院外事局经过两星期的文件学习，办好护照、机票，又从库房里借来西装行头就出行了。那时正是政治挂帅，政治压倒一切的时候。从北京到布加勒斯特，要在莫斯科中转。当时中苏关系正处于紧张阶段，外事活动如履薄冰。马大猷和应崇福两位先生还特地到首都机场为他们送行，可见老一辈科学家对青年人的关怀与期待。

第十二节　自由研究带来的快乐与成就

到了1973年，物理研究所研究秩序已经开始恢复，马大猷重新担当起研究室主任的职责，以前的学术秘书李炳光也开始协助他工作。尽管研究秩序开始恢复，但是千变万化的政治局面和人们已经被搅乱了的思想，都大大削弱了任何学术组织领导的权威。马大猷要想开题作研究，是很难找到助手的。这时谁还愿意跟着"反动学术权威"一起干？为了充分发挥他这位老科学家的作用，在李炳光的设计安排下，经过沟通，马大猷最老的研究生李沛滋领导的研究组愿意与他合作。这是一个和谐的研究组，有七级的老助理研究员李沛滋，下面还有中国科学技术大学首届毕业生研究实习员戴根华和见习员王宏玉，后来又从物理研究所转来穆秀敏研究实习员。这个研究组是当时从事噪声控制研究的很好的研究梯队。他们不介入当时抓谁也说不清楚的"516"分子的运动，只埋头于研究工作。马大猷的到来无疑大大加强了他们的实力。

李炳光的另一项安排，是为马大猷配备一位行政秘书（"文化大革命"前是有的），主要处理他的日常事务、书信往来和接待来访。他找到了为人正直、办事认真的柯豪来担当此任。因为柯豪是进入声学研究所最早的人员之一，熟悉业务，同马大猷的关系又很好。那时是没有人愿意做这个差事的。"文化大革命"前齐士铃曾经担任过马大猷的行政秘书，在"文化大革命"中，他便被打成了"张（代理支部书记）李（学术秘书）齐（行政秘书）反党小集团"的成员。谁还愿意干这"招灾惹祸"的事呢。经过协商说服，柯豪勇于承担，做了马大猷的秘书。他勤勤恳恳，认真负责，持续工作至今，为马大猷减轻了许多杂务负担，使他能集中精力于科学教育事业。

这时，作理论研究是要遭到非议的，他们在国外杂志上看到一篇关于气流噪声消声器的文章。因为气流喷射出来，噪声非常大，这个消声器就在气流出口处加上一个开有许多小孔的罩子，让气流从小孔中分流出来；在这个多孔罩的外面，再套上一个里面充满吸声材料的大罩，排气噪声就降低了。

本来这个问题没什么研究的必要了，因为人家已经有商品在卖了。那时认为这个东西有用，因为从锅炉和热机的排气放空，到喷气飞机和火箭，都会产生气流噪声，这个东西可以解决实际问题，做出来可以提供给工业部门。当时为研究气动扬声器，声学实验室安装了大型空气压缩机（空压机），所以气源是方便的。由于他们是一个不同层次的研究人员相互配合的研究团队，这时马大猷也亲自动手一起工作。有了设想，工作开展起来就很容易。于是他们就按照杂志上的介绍，做出了一个容易拆卸的气流消声器。测量表明，果然可以降低噪声。接下来，他们把消声器外面的大罩拿下去再测量，结果噪声也降低。他们就觉得需

要进一步研究,为什么同样多的气流,从多个小孔流出来,噪声就低了呢?

他们首先从只开一个小孔做起,进行系统的实验,考察气流噪声同开孔的关系。他们设计了一个排气放空实验,就是先把空压机的储气罐充满,达到8个大气压,然后放气,让气从小孔排出,产生噪声。利用声级计自动记录排气过程的声压级。由于气缸的压力会随着排气而有规律地下降,所以就可以得出噪声声压级和排气压力之间的关系。由于他们具有深厚的流体力学功底,很快就分析得出声压级应该等于气压的几次方的关系。这令他们欢欣鼓舞。于是他们就继续做一系列实验,孔径从零点几毫米到1毫米再到3厘米,逐渐变化。如果孔再大,气放得很快,就来不及记录了。在大范围不同的孔径下,得出了一个排气噪声与压力之间的关系。他们总结出来,在声速和亚声速条件下,小孔喷注噪声的A声级,随喷口孔径的5次方下降,并和气室超压的2.3次方成比例。因此,减小孔径可以作为降低噪声的基础。后来,他们又将实验挪到工厂去做,利用蒸汽锅炉的高气压,最后得出排气噪声声压与气压之间的关系,适用于0.01~100大气压的广大范围。1977年和1978年,他们便发表了三篇论文《小孔喷注噪声和小孔消声器》(马大猷等,1977)、《湍流喷注噪声的压力关系》(马大猷等,1978a)和《多孔材料的出流和多孔扩散消声理论》(马大猷等,1978b;Maa,1939;马大猷,2005)。这种噪声声压与气流压力的关系,过去没有人得到过。20世纪40年代末,喷气飞机的噪声非常强大,以至起初因为协和号喷气机噪声太大,纽约机场不允许它降落。人们开始注意对气流噪声的研究。50年代,英国的航空公司邀请英国应用数学家莱特希尔(Lighthill, M. J., 1924~1998)爵士帮助研究解决。他提出了声学类比,作量纲分析,最后得出了气流喷注所产生的总的噪声功率与喷注速度U的8次方成正比。这就是著名的Lighthill定律,它为大量的实验所证实,广为应用。莱特希尔也因此非常有名。

马大猷、李沛滋他们并没有在得出了湍流喷注噪声的压力关系以后就停步不前,他们还进一步研制出小孔消声器和多孔扩散消声器。他们研制的这些消声器,体积很小、构造简单、价格低廉、工作效能好,在大型排气系统中可以降低噪声40分贝,而且还可采用不同材质制成,以便在冷、热气流不同的工作条件下使用。

为了这些研究能在更严格的定量基础上进行,他们还把气源通过管道引入消声室和混响室。这样不但可以测得气流噪声的总功率,而且可以得到不同构造的消声器的指向性。要知道,在那时候,这些管子工的工作他们都要亲自参与才行。

马大猷(右一)在消声室中向南安普顿大学纳吉教授(右二)介绍小孔喷注噪声测量问题

他们还进一步突破了 Lighthill 定律的局限,对高压阻塞喷注的湍流噪声问题进行了研究。最后得出了空气动力噪声的普遍定律(马大猷;2005)。由于气压比流速更容易测量,所以压力关系用起来也更方便。这项研究在 1979 年获得中国科学院重大科技成果奖,1982 年获得国家自然科学奖三等奖。

马大猷认为,要想在科学上得到一项重要的发明创造,集中精力是绝对必要的,要系统地、深入地工作,不要放掉任何一个小的可能。在这项工作里就充分地体现了他的这种学术思想。

马大猷（右）与李沛滋在进行气流噪声测量

晚年时他觉得1973年以后，在"文化大革命"中，各级领导自顾不暇，一些"革命"青年前些时候还是响当当的造反派，不久就变成了"516"分子，于是也就没有人对科学研究指手画脚了。他们这个自由结合的研究小组自由选题，获得了真正自由研究的机会，创造出了很多有价值的成果。这是他最愉快的研究时期。在这一时期，他独自和与人合作共发表论文近30篇，写书6册，获得了大丰收。

1973年，周恩来总理号召加强基础研究工作，马大猷这时工作积极性很高，不但自己努力进行研究，还不忘学术交流和为参加国际声学大会作准备。1973年10月，在物理研究所，他组织召开了一次全国声学学术讨论会，有100多人前来参加并提交了85篇论文（其中建筑声学13篇、电声学9篇、噪声及其控制16篇、语言声学5篇、音乐声学3篇、超声学9篇、水声学8篇），论文水平比1964年有明显提高，可是有人却不敢署名。虽然都很高兴交流经验，但也不免战战兢兢。果不其然，会还没有开完，就有人贴出了大字报，说这是资本主义复辟（当时有人总是紧跟姚文元把持的《文汇报》）。可是，这时这种新八股的论调，大家早已听厌了，没有产生什么冲击。

在同一时期，坚持正义、不畏权势的老一辈物理学家周培源，来到物理研究所作报告，他旁征博引，证明基础研究的重要性。他说，如果只注意应用，法拉第那时候就应当研究洋腊而不是电学，那我们人类就用不上

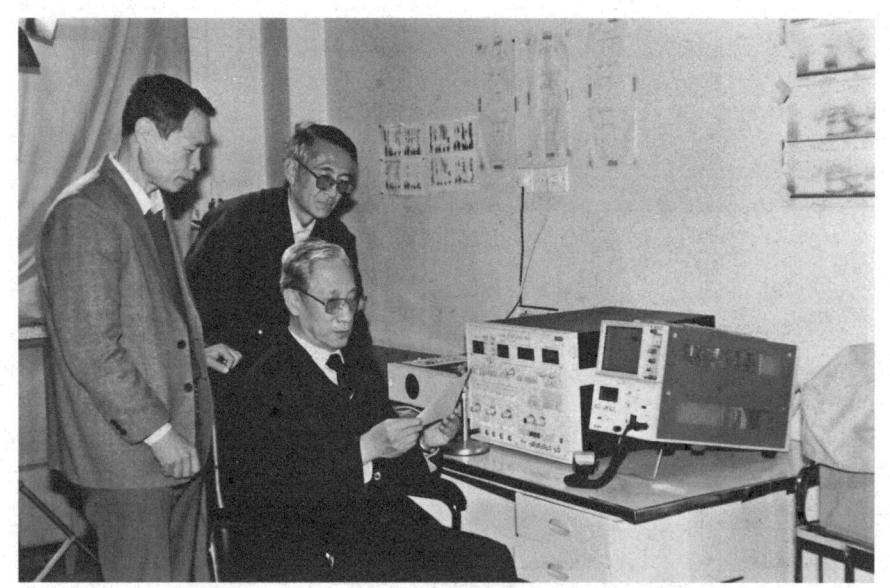

马大猷（右一）在检查语言声学的基础研究工作

电灯了。他的思想深入人心，广为流传。

20世纪60年代，西方工业化国家环境公害事件频发，引起了人们的普遍注意。1972年6月在斯德哥尔摩召开了第一届联合国人类环境会议，中国也应邀与会。国务院开始关注环境污染问题，1973年1月成立了国务院环境保护领导小组筹备办公室，紧接着8月就召开第一次全国环境保护会议，马大猷参加了会议。环境保护主要关注三废——废水、废气、废渣的处理和利用的问题。马大猷在会上提出，随着工业的发展，应当特别注重噪声问题，噪声已成为一大公害。之后，国家环保局将噪声与"三废"并列，并将噪声级列入家用电器的质量指标，大大促进了噪声控制的发展。

为了揭示噪声危害的严重性，他开始组织噪声调查研究；他还亲自走上街头和深入工厂，进行噪声测量。为了引起人们的注意，后来还在街头安装了一些噪声声级显示装置，用数字显示声级的分贝数。禁止汽车乱鸣喇叭，限制气动喇叭的使用，也为交通管理部门接受并开始执行。为了宣传普及噪声问题，他在第一届全国噪声与振动控制工程学术会议上，作题为"国内外噪声控制新进展"的报告，终于使人们认识到噪声也是一大公害，从而引起普遍重视。

第四章 向科学进军 奠基中国现代声学

马大猷与博士生丰乐平

马大猷在指导博士生田静进行噪声分析工作

第五章　科学的春天　声学的新生

1976年，随着"四人帮"的垮台，十年"文化大革命"终于结束，万众欢腾，拨乱反正。那时真是百废待兴，百业待举。不过中国科学院的研究工作还是恢复得很快的。与大中学校停课闹革命不同，正直的研究人员始终没有，也永远不会停止他们的科学思索。马大猷正式复任第九研究室（普通声学）主任，还被任命为中国科学院物理研究所学术委员会主任。于是他就名正言顺、精神抖擞地开始抓研究工作了。当时，研究课题主要都是来自外单位委托的实际问题，诸如东风火箭发动机燃烧室的声学问题，东方红炼油厂的消声器改造问题，首都钢铁厂氧气顶吹转炉炼钢的自动化问题（采用语音识别方法来判断钢水温度），等等，基础研究还没有提到日程上来。

第一节　新时代再挑科学和教育两副重担

1977年，马大猷受聘兼任中国科学技术大学物理系主任，参加了邓小平主持召开的科学和教育工作座谈会。邓小平指出：无论是从事科研工作的，还是从事教育工作的，都是劳动者。因此，要尊重劳动，尊重人才。知识分子的名誉也要恢复。这为恢复高考、重振高等教育扫清了障碍。

1978年他当选为第五届全国政协委员。同年，在中国科学技术大学成立中国科学院研究生院，严济慈任院长，马大猷任常务副院长。这是中国第一个正式的研究生院。本来1964年曾在中国科学技术大学里有过中国科学院研究生院，但是一场"教育革命"的风暴和紧接着到来的"文化大革命"，把它摧垮了。1979年，他的老师严济慈与诺贝尔奖获得者李政道联合发起、共同组织中美联合招考赴美物理研究生项目（China-United States physics examination and application program，CUSPEA），争取到美国几所大学的全额奖学金，在国内招考与物理学专业有关的大学毕业生，赴美攻读博士学位。严济慈担任中方招考委员会主席，马大猷协助他办了九届招考，选取了900多名优秀学生，培养后成为高级人才。

严济慈（前排左四）、马大猷（前排左二）、吴文俊（前排右一）与中国科学技术大学少年班的同学们在一起

严济慈（二排右四）、马大猷（二排右三）、吴文俊（二排右五）和中国科学技术大学少年班的同学们在一起

马大猷（左一）、朱光亚（左二）、李政道（左三）

马大猷（前排右一）在庆祝北京大学物理学科 90 周年会议上

　　1978 年 3 月 18 日召开全国科学大会，马大猷参加了大会，他们的研究成果"喷注噪声的基础研究及其控制"还获得了科学大会奖。邓小平在会上作了重要讲话，他指出"现代化的关键是科学技术现代化"，"知识分子是工人阶级的一部分"，重申"科学技术是生产力"这一马克思主义的

论述。从此迎来了科学的春天，一扫"文化大革命"严冬中知识分子是"臭老九"和"读书无用论"的阴霾。

随着科学的春天的到来，各种学术组织开始复苏，马大猷的兼职也就多了起来。1978年任国家科学技术委员会环境保护专业组副组长，中国科学院环境委员会副主任；1979年中国环境科学学会成立，他当选为副理事长；1980年国务院增补马大猷等10人为中国文字改革委员会委员；同年任中国标准化协会副理事长等职。他还率中国科学院代表团回访日本《读卖新闻》。

第二节 在科学的春天里 声学所得以复苏

1979年1月被解体9年的声学研究所终于复所。这是原所长汪德昭在"四人帮"被打倒以后，1977年给邓小平写信请求重整声学专业研究队伍、恢复声学研究所的结果。汪德昭婉辞了让他当海洋局副局长的任命；马大猷也放弃了可能成为物理研究所所长的机会。他们都一心投入发展中国现代声学的神圣事业中，声学研究所复所仍旧是汪德昭任所长，马大猷、应崇福任副所长。这时声学研究队伍已经壮大，声学研究所也有所发展，共有11个研究室（第一～第四研究室为水声部分，第六～第八研究室为超声部分，第九～第十一研究室为普通声学部分，第五研究室为情报资料部分）和1个计算机房，还有机械设计室与机加工工厂，北京以外还附属有北海（青岛）、东海（上海）和南海（海南）工作站。可以说是世界上门类齐全、设施完备的最大的声学专业研究机构了。

《声学学报》也开始复刊，马大猷仍担任主编；声学专业委员会改称中国声学学会（仍属二级学会），他任副理事长。第二届全国声学学术会议也随即召开，研究工作迅速开展，学术活动生气蓬勃。为推动环境保护工作和噪声控制的开展，1979年他在广州主持召开了全国环境声学学术交流会，收到论文近100篇，为以后改革开放各项工业生产和工程建设中重视和处理噪声问题打下了基础。在近100篇论文中，约有1/10是声学研究所提出来的，他很高兴，大家也很兴奋。这是经过多年学术严冬的沉寂之后，头一回大家一起出来参加全国学术会议。尽管当时"割掉资产阶级思想的尾巴"的阴云已经消散，但是国内的经济情况还不是很好。虽然会议是在广州新建的流花宾馆举行的，可是伙食很差。会后，青年学子们就倡议让马先生请客。那时青年们的工资都很低，凡有马大猷参加的集体活动，都要"敲他的竹杠"，他也总是乐于为之。他从来不吝啬，20世纪60年代初，中国刚有电视广播，他就用自己的稿费为研究室买了一台电视机,供青年们晚间收看。由于大家都知道广州的东西很贵,所以就先叫他的秘书柯豪去探询是否带够了钱。实际上他早有准备。于是在一间酒楼订了一桌,老少共13人,花费70多元,菜单中居然有一只烤乳猪,这可让这群年轻人开了眼界,也饱了口福。现在看来这70多元还不够一个人的消费,可是在那时候,这可是一个大学毕业生一个半月的工资啊。饭后,大家高兴之余去逛广州的花市,他还不忘给夫人买花,买了一株米兰、一株四季桂带回家中。

1979年声学研究所参加全国环境声学学术交流会的全体人员合影
(前排左三马大猷)

1979年5月,第二届全国声学学术会议在北京科学会堂召开,成立了独立的中国声学学会。会议代表200人,提交论文368篇,其中,水声学78篇,超声学56篇,噪声和振动52篇,语言声学33篇,生理与心理声学25篇,建筑声学22篇,换能器及组阵54篇,声学计量与测试23篇,物理声学、次声学及音乐声学25篇。马大猷经过分析后认为,同第一届全国声学学术会议相比,研究人员数目和研究的学科范围都有了很大发展,研究水平也有了显著的提高。可是,从论文作者的名单上来看,绝大多数都是"文化大革命"前参加工作的,这些人已渐成熟,只是"文化大革命"耽误了他们思想最活跃时期的宝贵时光。新参加工作的还没有得到严格训练,正在成长。"文化大革命"以后,研究人员的工作热情和刻

1979年声学研究所参加全国环境声学学术交流会的全体人员合影
（前排左三马大猷）

1979年中国声学学会理事在北京科学会堂前合影（前排右起魏墨盫、夏印（声学研究所党委书记）、马大猷、魏荣爵、杜连耀、吴宗济、赵恒元）

苦钻研精神，空前高涨，晚上图书馆都坐满了。他认为正是这种精神，才使科学事业在"文化大革命"中受到的创伤得以迅速恢复。他敏锐地注意到,科学研究队伍呈现后继乏人的情况。他认为正式恢复建立研究生制度,是科学研究系统复兴的关键。否则一旦"文化大革命"以前的研究人员逐渐达到退休年龄,科学研究事业将难以为继。

中国声学学会建筑声学分会理事合影(前排右二马大猷)

这一年马大猷加入了中国共产党,实现了他多年的愿望。马大猷本来在1964年就已经成为培养对象,从而去参加"四清"一年。"文化大革命"的影响,使这一愿望的实现推迟了10余年。马大猷虽然在运动中受到了冲击,但他的政治信仰和理想追求始终没有改变。

1980年,在中国声学学会标准化委员会的基础上,成立了全国声学标准化技术委员会(TC17),马大猷任主任委员,还当选为中国标准化协会副理事长。他还是全国量和单位标准化委员会(TC16)的委员。他一直对科学名词术语,以及量和单位的标准化甚为关心,因此当1985年4月25日全国自然科学名词审定委员会(主任钱三强,副主任叶笃正、胡兆森、王寿仁等)成立时,在大会上他代表52名当选委员领受聘书。国家非常重视科学技术名词在科学技术发展中的基础和支撑作用。早在1950年便由中国科学院编译局接管了国立编译馆的各科名词草案。同年,国务院文化教育委员会成立学术名词统一工作委员会,任命郭沫若为主任委员。学术名词统一工作委员会委员均由有关自然科学学会及研究机构提

1979年2月5日，马大猷（前排左二）加入中国共产党（后排左二为三名介绍人之一的李炳光，另两名介绍人为声学研究所党委书记夏印、所长汪德昭）

名，经中国科学院遴选后，由文化教育委员会选定。

  1981年，马大猷受聘为《中国大百科全书》总编辑委员会委员。这时他的学术活动逐渐增多，除了直接与声学有关的工作以外，还有许多其他领域的工作。

  1981年他参加波兰华沙暑期声学座谈会，作了"声源共振传播"的学术报告。会后应丹麦声学仪器公司B&K老板布瑞尔（Brüel）博士的邀请赴丹麦参观B&K和丹麦技术大学声学实验室。当时B&K是国际上最大的声学仪器供应商，老板布瑞尔就是一位声学家，中国的声学仪器主要来自丹麦。B&K在中国还设有维修中心。以后他又随全国政协代表团访问罗马尼亚，还在中央物理研究所作了学术报告。1982年他率领中国标准化协会代表团，参加在联邦德国举行的国际标准化组织（International Organizaiton for Standardization，ISO）会议，会后访问柏林工业大学、哥廷根大学、达姆士塔大学和达姆士塔邮电研究所。同年还访问了英国剑桥大学、南安普顿大学，作了"微穿孔板声阻"的学术报告。真是马不停蹄，到处奔波！他所珍爱的自由研究也就无法再继续下去了。

第三节 30年的努力 中国成为声学大国

  1982年在上海和1985年在南京又分别召开了第三届和第四届全国声

全国声学标准化技术委员会会议（上图右四、下图右二马大猷）

学学术会议。第三届全国声学学术会议期间，学会进行了改选，马大猷当选中国声学学会理事长。其间，还召开过多次专业分会的学术会议，在国家的支持下，声学事业蒸蒸日上。

1984年，马大猷当选为国际纯粹与应用物理联盟声学委员会（International Commission of Acoustics，ICA；International Union of Pure and Applied Physics，IUPAP）委员，中国声学学会为团体会员。

马大猷直接领导的噪声控制研究在国际上产生了很大的影响，因而1987年，第16届国际噪声控制工程会议（inter-noise'87），于9月15～17日在北京召开，会议主题为"工业中的噪声控制"。马大猷任组织委员会主席。来自29个国家和地区的代表共631人参加，其中中国有290人参

马大猷夫妇和他的秘书柯豪（后排中）、全国声学标准化技术委员会秘书长吕亚东（后排左）、《声学学报》副主编籍顺心（后排右）合影

1981年马大猷（左六）随周培源（左七）率领的中国代表团访问罗马尼亚

加；会议共收到论文454篇。这是在中国举行的第一次，也是最大的国际声学会议，这也是历届国际噪声会议中规模最大的一次。这为国内从事噪

中国人民解放军总参谋部科学顾问:马大猷(左一)、段学复(左二)、柯召(左三)和总参三部贾部长(左四)

91岁的马大猷仍在为中国声学学会的发展出力

声控制、环境保护的工作人员提供了一个与国外同行接触和交流的好机会,同时也向国外展示了中国在这一领域所取得的成就。他在大会上作了"空气动力噪声的普遍定律和它在噪声降低中的应用"的专题报告。国外同行对中国声学家的工作评价甚高。同年在意大利罗马举行国际声学委员会全体委员会议,他连任国际声学委员会委员。他为争取国际声学大会在

中国召开积极努力，获得认可。

1987年，他当选为中国民主同盟中央委员会副主席兼科学技术委员会副主任。1988年当选为第七届全国政协常委，并任中国和平统一促进会理事。

马大猷（前排左二）在国际会议上

1990年，在丹麦哥本哈根国际声学委员会会议上，讨论原定在1992年在中国召开国际声学大会问题。他在会上对"六四"学生运动造成的困难加以解释，打消了国外科学家的顾虑。1991年他又在荷兰阿姆斯特丹举行的国际声学委员会会议上，汇报了1992年国际声学大会筹备工作的进展情况，终于使这次声学大会如期在中国召开。

马大猷（左二）在国际会议上

1992年9月3~10日在北京召开第四届国际声学大会,这是国际声学界最重要的学术会议,到会人数达750余人,150人来自欧洲,100人来自日本,约80人来自北美洲,还有2人来自非洲。参加者中引人注意的是,有十几个人曾经参加过39年前在荷兰召开的第一次国际声学大会,他们都是声学研究的先驱、国际知名的科学家。尽管马大猷在国际组织中努力争取到在中国召开国际声学大会的机会,但是他把大会主席的位置礼让给时任中国声学学会理事长的关定华,他自己则任会议顾问委员会主任。可见他对晚辈声学家的提携和尊重。大会邀请了12位国外著名科学家作报告,内容涵盖声学研究各个领域。

大会共收到论文845篇,其中以超声学、量子声学和声的物理效应最多,有132篇。这是一次水平很高的国际声学大会,显示出声学许多特别值得注意的重要进展,如赛斯勒(Sessler, G. M.)报告的在硅片上生长微型传声器,已制成膜片尺寸为1.3毫米×1.3毫米的电容传声器,频率响应达到20千赫兹以上,灵敏度达到10毫伏/帕,与常用1/2英寸电容传声器相近;加莱特(Garrett, S. L.)报告的热声制冷机,已用于空间飞行试验;福克斯·威廉姆斯(Ffowcs Williams, J. E.)提出的使传播衰减小于球面衰减的波包概念等。中国代表在人数和论文篇数上,都占总数的1/2左右,这给许多国外代表很深刻的印象。他们对中国声学研究的水平也很称赞。1987年的国际噪声控制工程学术会议和这次的国际声学大会,是中国现代声学发展史上有历史意义的大事,是中国现代声学发展道路上的里程碑,它们都主要是在马大猷的努力争取下促成的。这也是马大猷对中国现代声学发展作出的一大贡献。在老一辈的声学家和年轻的声学工作者的共同努力下,今天的中国,可以说已经成为一个声学大国,尽管也许还不能算强国。

第四节 马大猷的理论在德国开花结果

1992年,两个德国(东德和西德)合并以后,在波恩新建了一个联邦议会大厦,12月开始使用。议会通过电视向全国播放,议长没说几句话,扩音系统就不响了。最初以为是扩音系统出了问题,于是暂时休会,请技术人员检查修理,结果没发现问题。接着复会,可是同样问题再次出现,会议无法继续进行。由于电视广播,这一尴尬场面迅速传遍全德国,顿时舆论大哗。第二天报纸便纷纷指责这场丑闻。后来经仔细研究分析,原来是讲话声音反馈太强,使由计算机控制的扩声系统自动锁闭。实际上

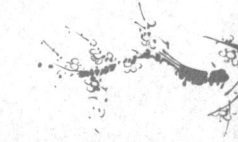

波恩联邦议会大厦会议大厅

波恩联邦议会大厦会议大厅中的音响系统

不是扩声设备问题，而是一个室内声场问题，也就是音质设计问题。这个议会大厅是一个直径 41 米的圆形建筑。墙壁全部是玻璃，屋顶是半透明的，便于自然采光。这样观众在外面能够清楚地看到里面会议进行的情况，可以达到政治透明的效果。讲话人处在大厅中心的位置，扬声器高悬

波恩联邦议会大厦会议大厅中的顶部扬声器系统和周围的玻璃墙

在上方,因而声反馈很强。为了解决这一问题,几乎所有可用的常规处理方法都用上了。扬声器加强了指向性;墙上方加装了两层反射板,一层是声音向上方反射,另一层是声音向听众席反射;同时在墙上可以加装吸声材料的地方,都加装了包裹的玻璃棉,还在走道上铺了地毯。可是,大厅共有24樘玻璃门(总面积100多平方米)无法处理。于是弗劳恩霍夫建筑物理研究所所长就找到了正在那里进修的查雪琴,她是广电部设计院的电声专家,问她有没有什么办法。查雪琴提出可以应用马大猷的微穿孔板吸声结构来解决这个问题。因为她早在出国前,就读过马大猷发表在《中国科学》上的那篇文章了(马大猷,1975)。德国的声学家们却从来没听说过这种吸声结构和理论。

为了验证马大猷的理论,她和正在德国的两位中国留学生,在一块钢板上钻孔做实验。实验结果证明,测量得到的数据与马大猷的公式给出的理论计算完全吻合。接下来,他们还得做出一个试样来,以便参与投标竞争。他们采用有机玻璃板,由于微孔的孔径甚小(零点几毫米的量级),

马大猷在德国与中国的科技人员在一起（右三查雪琴）

所以穿孔所占的面积不大，这样可以保证透明度的要求。他们自己动手，在一块 20 厘米×20 厘米的有机玻璃板上，打出几千个小孔。经过三四天的紧张工作，周末也不休息，他们终于按时完成试样并写出实验报告，送交波恩有关部门。最后，他们的方案在众多竞争者中胜出，应用到波恩联邦议会大厅，既及时解决了声反馈问题，又保持了透明度，取得了良好的效果，也得到了大家的交口称赞。德国《工程师报》载文说：中国人成就了德国的联邦议会大厦；《图片报》则说：一个小个子中国女人在我们的联邦议会大厦上钻了上百万个孔。

一个刚到德国工作不久的中国人，运用中国声学家的理论，解决了德国联邦议会大厦的声学问题，这不免令高傲的日耳曼人感到很不舒服。于是，就不免有一些人说三道四，颇不服气。接下来，在学术论文报告会上，查雪琴从大声学家瑞利对微管中声波的分析，到马大猷如何进行理论推导和简化处理从而建立微穿孔板吸声结构理论与设计方法的过程，对微穿孔板的理论发展详加论述，条理分明，很有说服力地证明这是中国科学家马大猷的发明创造（查雪琴等，1994）。1997 年，为表彰马大猷在建立微穿孔板吸声结构的设计理论方面取得的成就，德国弗劳恩霍夫协会（Fraunhofer-institut）授予马大猷金质奖章，并由建筑物理研究所颁发 ALFA 奖和 10 000 马克奖金。

马大猷本来是为了完成一项国家任务而设计出微穿孔吸声结构（也称

查雪琴(右一)与德国科学家一起招待马大猷(1997年)

马大猷获德弗劳恩霍夫协会金质奖章和 ALFA 奖

微穿孔板吸声体)并建立微穿孔吸声结构理论的,由于"文化大革命"的影响,任务完成后他并未得到任何反馈信息。尽管他感到有些遗憾,可是他并未因此而停止这方面的研究,因为他认为这种吸声结构有着很大的潜力和广泛的应用前景。所以,他对微穿孔板吸声体的研究不断深入。首先

他认为，为了可靠地估计微穿孔板吸声结构的工作性能，获得微穿孔板的准确特性是绝对必要的。因此，他提出了一种简单的直接测量微穿孔板声阻抗的方法（马大猷，1983；2005）。其次，他进一步证明了微穿孔板吸声结构的吸声频率范围，主要由穿孔的孔径来决定，只有丝米级的穿孔才可获得良好的声吸收。要想吸收频率向低频方向扩展，可采用双共振型吸声体，因而可不必借助任何多孔性吸声材料。像以前一样，他在作任何应用性较强的问题的理论分析时，总会给出工程应用的设计方法（马大猷，1983；马大猷，2005）。

声强增高时，小孔内的质点速度可能达到很高的数值，以至于可与声速相比，因而将会影响穿孔板的声阻抗特性。所以他又对微穿孔板在高声强下的行为加以研究。结果证明，一个穿孔就是一个细管，本身所受影响不大，可是细管的末端由于有喷注形成，声阻大为增加，所以必须注意末端校正。如不加以分析研究，就会使微穿孔板适用的声强级受到限制。分析研究、掌握规律以后，就可以加以利用，使微穿孔板用到更高的声强级。

为了克服微穿孔板实际应用中机械加工条件的限制，他在以前的理论计算中，对基本方程中的超越函数作了近似处理。随着微穿孔板吸声结构越来越广的应用，1997年他又进一步发展了微穿孔板吸声体的准确理论和设计（马大猷，1997；2005），进一步揭示出微穿孔板吸声体的工作潜力。理论分析表明，当微穿孔板的相对声阻够大时，吸声频带的带宽可以达到极为可观的程度，使之成为通用吸声体，而不必采用由两张微穿孔板和两个空腔级联构成的双共振器。遵循他的学术理念，他采用等效电路的方法进行分析计算，并给出所需的设计公式和各种设计参数的关系曲线，便于声学工程从业人员的理解和应用。

作为无纤维吸声体的微穿孔板，经过理论分析展现出了宽频带吸声的潜力，这样它的应用环境和工作条件就更加广泛。马大猷也就指导他的学生们作更加广泛深入的研究。他们对微穿孔板在混响声场和在驻波管中的吸声特性之间的定量对应关系加以研究，并得出微穿孔板可以用做参考吸声体以验证混响室的声场是否为随机入射场的结论。

到了2000年，这时马大猷已经85岁了，他根据吸声材料靠声波通过其孔隙与其固体骨骼摩擦而损失能量的原理，又将微穿孔板吸声体理论进一步发展为微缝吸声体理论，从而使这种无纤维吸声体的构造多样化。2003年，他进一步探讨了微穿孔板吸声体的吸收带宽极限。因为不在特别低的频率使用时，加宽吸收频带主要靠减小孔径。当孔径小到0.1或

0.2毫米的时候，可能加工就不太方便了。这时可能就不如采用微缝吸声体更为合适。

随着加工工艺的不断改进，微孔微缝吸声体的成本已迅速下降，这使得此类新型吸声处理可以得到广泛的推广应用，为建筑设计提供了在各种条件（如防火、防湿、透明、美化等）下都方便有利的选择。可以毫不夸张地说，这对长期以来普遍采用的多孔性和纤维性吸声材料是一次革命。

第五节　批判经典理论　强调物理分析

马大猷对学术问题总是认真仔细、深入探究，20世纪五十六年代他为开拓中国现代声学而忙于建立实验室、培养研究队伍等打基础的工作，同时社会活动又很多，没能静下心来对理论问题进行更多、更深的钻研。"科学的春天"到来以后，中国科学院声学研究所已经成为国际上少有的几个专门的、训练有素的声学专业研究机构，其分支学科已覆盖声学领域的各主要方面，其研究队伍已跻身于国际先进行列。这样他就可以腾出手来，仔细探讨他所关心的理论问题。20世纪80年代，他在作噪声控制工程研究时，不可避免地要遇到声源的功率发射问题。从前描述噪声源发射多用声压，70年代以后，采用声功率的越来越多。由于声功率发射被认为是声源的重要参数，所以有大量研究工作在发展，现已制定了声功率测量方法的国家标准和国际标准。但是，至今声学界的多数人对声源功率的可变性只有模糊的概念。因此，他对声功率测量问题给予注意，提出了一个近似处理方法，并求得了混响室内声源发射功率的变化规律。1988年，他首先导出了混响室内简单声源的声功率发射，并作了简正波理论与自由空间的比较，对声源本身的声阻抗加以重视，并包括在分析之内。混响室内的声场对声源产生的声阻抗，各点均不相同，因此，室内声源输出的功率出入很大（马大猷，2005）。他对在混响室中测量声功率时常遇到结果不一致的情况，作出了解释。这时他发现莫尔斯给出的室内声场公式有问题。

莫尔斯（Morse，P. M.）是20世纪上半叶最伟大的理论声学家之一。他1936年出版的《振动与声》一书中的第八章声音的驻波，当时曾在声学界影响很大，他的简正波理论使现代声学进入严谨的应用科学范畴。马大猷的导师亨特就是在莫尔斯的理论影响下，开始和他的学生们（白瑞内克和马大猷）作矩形室内的声衰变分析的。马大猷关于矩形房间中简正波频率的分布公式，也是由莫尔斯证明可以推广到任意形状的房

马大猷获1998年何梁何利基金科学与技术进步奖

间的。

  马大猷经过仔细的分析研究,为慎重起见,他又安排他的学生田静进行了必要的实验。1989年马大猷就指出,在莫尔斯的室内声场经典简正波解中,有必要加上代表直达声的一项,以符合实际并使公式更有用;2002年他又进一步对这一论证加以详尽的讨论,证明莫尔斯的简正波公式不是室内声场的严格解,指出严格理论应该既包含波动方程的自由空间解(直达声),也包含驻波解(混响声场),后者是由所有反射波组成的室内可容许的波形(简正波)。他指出,历史上曾提出两种室内声场公式,一个是莫尔斯根据波动方程解得的简正波公式,另一个是白瑞内克根据能量统计分析得出的公式。在白瑞内克的公式中,明确地列出直达声和混响声。马大猷分析证明了大家熟知的莫尔斯简正波公式有根本性错误。因为莫尔斯在开始推导时就引入简正函数系列,它是平面波的集合,而声源辐射是球面波,两者是不相容的。所以得到的结果,既不是波动方程的全解,也不是混响声解(马大猷,2002;2005)。最后,他在对莫尔斯室内声场的简正波理论进行分析总结时认为,莫尔斯的错误不是数学处理的错误,而是物理见识的错误。莫尔斯没有认真分析声源的作用,就贸然投入数学处理,曾经企图从简正波解中找出直达声,但这只是想象,并没有理论根据。1968年,莫尔斯和英格特的《理论声学》一书出版(莫尔斯和英格特,1984),虽然声波已改用格林函数表示,但直达声问题仍未给出合理解释。马大猷作为建筑声学简正波理论的奠基人之一,虽已年近九句,对这个问题却似青年科学家一样尖锐直率,提出批评意见。他批评莫尔斯的室内受迫振动理论是"只有数学,缺少物理"(马大猷,2004d;2005)。文章的标题似乎有些尖刻,但这也正是马大猷的风格。实际上他的这个批评不完全是针对莫尔斯的,而更多是提醒那些老一点的唯理主义物理学家,以及在计算机时代那些只注意改进模型的算法而忽略建模和运算的物理分析的青年学者。文中的一段话,充分体现了他的学术思想:"数学当然很重要,但是在研究一个科学问题中,数学处理只是一种工具,而关键在物理的深入洞察力,在物理见识。莫尔斯的错误不在数学,而在物理。"他又指出,"爱因斯坦曾说过(1938年"物理学的进化"):'提出一个问题比解决一个问题更为重要。因为解决一个问题,也许是数学上或实验上的技巧,提出新的问题,新的可能性,从新的方向看问题则需要创造性的想象力,而且标志着科学的真正进步。'研究问题首先需要物理分析,解决问题只是数学上或实验上的技巧,根本的是物理学上的见识"。在当今计算技术普及和流行的时代,许多科学研究人员在处理具体问题(如语音信息处理)时,常常过多地依赖算法的改进而忽视对物理过程和内在特质的分析,这已成为国际通病,这样的批评是很有教益的。这几篇有关室内声场的研究论文,标志着马大猷在耄耋之年达到了建筑声学研究的巅峰。正如美国著名声学家白瑞内克为2008年召开的国际噪声控制工程大会(inter-noise2008,Shanghai)纪念马大猷从事声学工作70年写来的贺信中所述:"在哈佛的时候,我就赞赏马教授的才干并预言他在声学领域将会胜过别人。……他称我为兄长,我深以为荣。"

第六节 开拓新领域 再攀新高峰

进入20世纪90年代,马大猷的主要注意力转向尚待开发的非线性声学和强噪声研究。因为他认为一般的噪声问题,都已经是工程应用问题,而非线性问题值得注意。非线性声学是非线性科学的一部分,在超声学和水声学方面已经有了许多应用。在现代工业中,高声强问题越来越多,诸如,喷气发动机、宇宙飞船的发射乃至大型发电站和炼油厂,都是高声强的来源。这些声源足以造成设备的损坏和对人员的伤害,同时也带来非线性声学问题。从声学方面研究非线性问题,具有特殊的优点,不但易于进行实验验证,并且可用模拟方法研究其他分支难以处理的问题。

马大猷首先注意高声强引起的各种效应。高声强可引起声疲劳,现代超声速喷气飞机,正常飞行时在其喷口不远处产生的声压级在150分贝以

上；长时间的高声强影响，可使飞机的铆钉松动，蒙皮破裂。宇宙飞船和人造卫星在发射时或再入大气层时，所受到的声负载更为强大，声疲劳也是问题，它不但能造成机械损坏，也能使仪表失灵。在声学研究所建立的高声强实验室，就是为人造卫星的环境实验而设计的。声音的辐射、耦合、共振等会造成气流或燃烧的不稳定，很可能导致破坏性的后果。例如，石油裂化炉由于燃烧噪声与炉膛的一个简正频率共振，就可能引起强烈共振，最终造成破坏。

高声强还可以产生生物效应。声压级超过90分贝时，可导致听力受到损伤，这是国际通用的听力保护标准。实验证明，声音在150分贝以内，除听觉以外，对人体不会产生永久性的生理损伤。报纸上曾经报道过次声武器，宣传高强度次声可以致命，这是完全没有根据的。马大猷曾在高声强实验室，用两只兔子和一只大白鼠做过实验，在150分贝声压下连续暴露3小时，它们只受轻微的影响：失聪、脉搏加快和紊乱、体温升高、呆滞等。声压级在150～160分贝时，影响较为显著，实验后恢复得较慢，但没出现死亡。160分贝以上就会产生危险，一只黑鼠暴露一小时后死亡，除其他病变外，体温升高到50～60℃。用较多的动物和不同的声压级做实验，他得出了致命阈和声剂量（声强乘以曝露时间）的关系。这表明强声导致死亡是与动物受到声照射的能量有关的。1991年，他应邀参加在韩国汉城召开的韩日声学讨论会和韩国声学学会成立10周年纪念会，在会上作"高声强原理和效应"的学术报告。

他认为，在高声强应用中，驻波更为重要。由于叠加原理不适用于非线性系统，所以在处理非线性驻波问题时，只能将驻波中的质点速度、声压和空气密度分解为正负波，再利用黎曼方程来求它们的关系。可是黎曼的同步非线性偏微分方程难以求解，非线性驻波的处理耽搁了100多年。他和他的学生刘克一起动手，用紫铜管，就是30年前电子学研究所用的波导管，制成高声强驻波管；管内径45毫米，壁厚18毫米，管长1950毫米，另有三节延长段，每段长200毫米，用以改变管长。驻波管两端封闭，有7毫米小孔可探入传声器（6毫米电容传声器BK4136），测量一般在末端进行，在声源端进行监测。声源端侧壁有一10毫米小孔，供声源用。声源用声学研究所自制的100瓦扬声器驱动单元，可直接由管端输入或经过小孔驱动管内驻波。用扬声器而不用机械活塞的原因是，用扬声器作为声源，声音的频率、振幅可连续改变并可微调。这样更便于研究高声强的初级阶段和向冲击波发展的过渡阶段。声源和传声器的谐波失真均控制在1%以内。高纯度的正弦电压，频率精度可达0.01赫兹。所用电信号比扬声器和功率放大器的额定值小得多，电信号的谐波失真小于 0.02%。

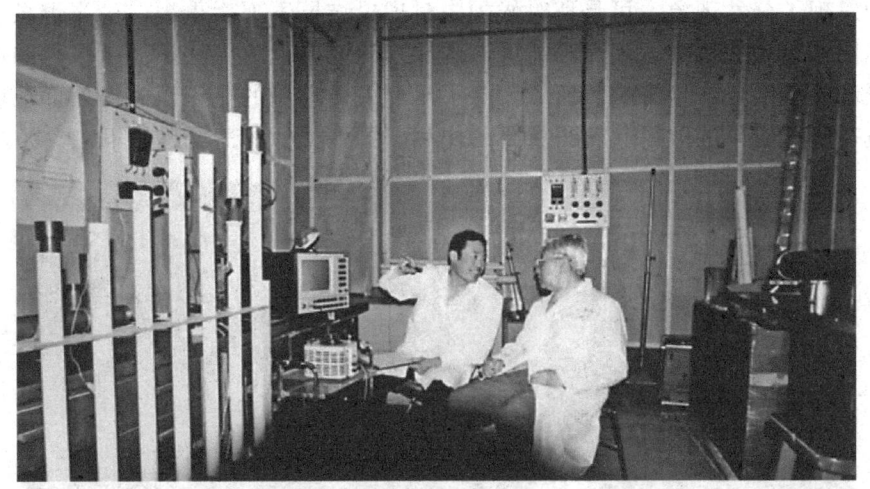

马大猷和他的学生刘克在一起工作

很快他们就取得了重要结果。他们发现，当基波在 130～150 分贝时，也就是高声强的初级阶段开始向冲击波发展以前，基波与二次谐波之比是一个常数，实验结果证实了理论预测。他们还发现谐波共振和分岔现象，当基波增强到某一程度时，分岔现象突然出现，并很快发展，出现大量次谐波。马大猷在 1994 年中国科学院第 7 次院士大会上作学术报告，报告了他们取得的结果。1995 年写成论文《非线性驻波：理论和实验》（Maa and Liu，1995；马大猷，2005），并在美国声学杂志上发表。国际非线性声学著名权威、国际纯粹与应用物理联盟国际声学委员会主席布莱克斯托克（Blackstock，D.T.）教授来声学研究所参观访问时，曾倍加赞赏地说："方向正确，思想新颖，在进行别人想做而没有做到的事情。"布莱克斯托克是美国声学家，1993 年曾获得美国声学学会金质奖章，他是美国工程科学院院士，也是国际声学委员会主席。他与俄国科学家科赫洛夫（Khokhlov，R.V.）各自独立的工作，被认为是非线性声学理论的奠基性工作。

在中国科学院"九五"计划和跨世纪攀登计划中，非线性科学重大项目负责人、中国科学院院士谷超豪，在给中国科学院基础科学局的函件中写到："非线性声学是现代物理学的一个重要部分，在理论上和应用上都很重要，它对非线性科学中非线性现象共性的研究提供了重要源泉和支柱。马大猷教授领导的研究小组对非线性驻波的研究，在理论上已有重要突破和建树，在实验上也有一系列新成果，学术思想很有独到之处。"其实，早在1962年，马大猷的一位早期研究生李沛滋就在侧壁振动的水槽中发现了分岔现象，可是那时候国内对理论结果不那么重视，论文也没有到国外发表的机会，因而没能进一步深入研究，也就无法扩展所取得的成果和在学术界产生影响。所以，除了研究人员本身的见识以外，外部环境也对研究成果的取得起着很重要的作用。国内类似的情况恐怕不在少数。

1995年马大猷八十华诞与他的历届研究生合影
（前排左一李沛滋、左二马夫人王荣和、左三马大猷、左四张家骒）

马大猷八十华诞祝酒（坐席汪德昭所长，左四马大猷）

接下来，马大猷便开始注意大振幅的简正波问题。因为简正波理论是描述封闭空间声场的有力工具。过去曾用于声衰变分析、室内声衍射和干涉、室内声场分布和起伏，以及声功率测量和分析。此外简正波概念还用于地震波、水声波和大气声波的传播，以及电磁场分析。随着现代技术的发展，越来越多的高声强声场出现，线性声学理论已不敷应用。例如，在混响室内测量声功率时，若声源很强大，测得的功率值和发声特性都与线性理论给出的结果有很大偏差。这说明现代技术中急需大振幅简正波理论。

瑞士科学家欧拉（Euler，L．，1707～1783）早在 18 世纪中叶，就注意到了声学中的非线性问题；非线性声波动方程和它的行波解，在 19 世纪中叶也已经得出来了。100 多年来行波的非线性声学已经有了很大的发展，积累了丰富的内容。可是非线性驻波方面却并非如此。虽然与行波具有同样的非线性偏微分方程，但驻波的边界条件使人们多年来无法取得满意的解。具有驻波性质的简正波，它的非线性理论基本无人尝试。马大猷和刘克对非线性驻波问题的成功解决，就为建立大振幅简正波理论奠定了基础。

他们解非线性波动方程使用的方法是微扰法。这个方法虽然是近似的方法，但是它可形象地显示出非线性简正波的发生、发展过程。他们从一维问题开始，后来推广到三维；尽管他们只讨论了无损耗的情况，但是任何媒质中或边界上的损耗，都可以用复数波数来解决。他们得出了非线性声学的简正函数，它包含线性简正函数及其谐波项，谐波结构由其幅值来决定。他们还发现大振幅简正波，似乎也有饱和趋向，这有待于深入研究（马大猷，1996；2005）。

室内声场和大振幅简正波理论，充分地显示出马大猷作为简正波理论的奠基者之一的深厚学术功底，同时也表现出他对学术发展的敏感，以及对学术问题不断深入探讨的精神。在解决问题的方法上，他力求简明实用，逐步深入，理论推导与实验验证相结合，进而得出明晰的结果。这也正是他的学术思想的具体体现。

在驻波实验中，当加强激发时，驻波管中的声压除发生畸变以外，还明显地具有饱和趋向。由于所用设备的限制，激发强度不够，无法观察到饱和状态。但是，他凭借丰富的经验，敏锐地注意到了非线性驻波的饱和问题。于是，他和刘克便抓住这一问题，进一步追究下去。首先他们对激励强度与基波和各次谐波的声压级实验关系曲线拟合的结果进行分析，发现这些增长曲线很类似负反馈放大曲线。其次，他们对不同频率的基波增长过程、二次谐波的饱和过程，以及高次谐波的增长过程，分别进行理论分析。最终得出非线性驻波的饱和规律：基波和二次谐波可用声场负反馈

解释，三次以上谐波受能量（声场的平方）的负反馈控制。由此求出各次谐波的增长函数，理论结果与实验符合。这样也就揭示出声压饱和是由高声强下能量损失迅速增加造成的。

马大猷根据非线性驻波的饱和规律，不但求出了饱和函数，还进一步探讨其中的物理意义。对二次谐波和三次谐波之间发生的突然变化进行了探讨，并且发现可以用非线性行波中的断裂距离的概念来加以解释（马大猷，1998；2005；马大猷和刘克，1996）。

早在丁铎尔（Tyndall, J., 1820～1893）1871年出版的声学教科书（1874年译成中文时将作者的名字译为田大里）中，就提到18世纪有人把氢气灯放到一个直立的粗管中的一定位置，就可以激发出声音来，被称为歌唱火焰。这是热声效应的发现。到了20世纪末，马大猷看到古老的热声效应开始在制冷和低温技术中得到发展，于是便对热声学的基本理论和非线性问题进行了研究，1999年连续发表了两篇长文，对热声学的基本理论和非线性问题加以论述。这时他真正地享受着自由研究的乐趣，他已经是84岁的老人了。

声学研究所所长田静（右一）为马大猷祝贺米寿

2003年他进入米寿，88岁，中国科学院声学研究所同他在西南联大和老北大工学院的学生们齐聚一堂，一齐给他祝寿，还出版了纪念文集（中国科学院声学研究所和北京大学工学院校友，1998）。文集中既有他自己的一些回忆和有关教育问题的论述，又有诸多学子在他的教育下成长的经历。60多年的历史，读来既令人感慨又无比亲切。就在这时，他开始了早就计划好的任务——撰写声学专著。他集中精力开始总结他毕生从事的声学研究，在一年不到的时间里，亲手执笔，写出了52万多字的《现代声学的理论基础》(马大猷, 2004b)。

他的专著，内容广泛，深入浅出，理论与实际相结合。声波或机械波是物质运动的基本形式之一，观测声波、观测电磁波和观测基本粒子与物质的相互作用，被认为是研究物质性质的三大主要方法。声学近年来发展非常迅速，它早已脱离了古典物理学的框架，不但产生了十五六个独立的分支学科，而且其外延还在不断地向众多相关领域延伸。马大猷在积极参与组织并推动现代声学发展的实践和多年从事声学、电磁学教育的基础上，站在一个新的高度统揽全局，从声波运动的普遍规律出发，以他特有的哲学理念和思维方式，重新梳理这些纷繁复杂的分支学科，搁置其技术应用的特殊性，突出其基础理论的普遍性，写出了这部声学专业的通用教科书。传统上人们常以声波传播的媒质或声波工作的频率，来划分声学的分支学科，如空气声学、水声学、次声学、超声学等。可是，这并不反映声波这一物质运动形式的本质特征。马大猷以全新的视角来论述诸多分支学科中的共同的声学基础理论。他跳出经典声学著作的窠臼，不是从弦、棒、膜、板来讲声学，而是单刀直入，从线性声学平面波开始正文。从目录上看全书的组织结构，就给人一种耳目一新的感觉。

书中的绪论和后记也颇费心思。马大猷对科学史，特别是声学史素有研究。在绪论中，他把一部声学发展史用不太长的篇幅旁征博引，深入浅出，娓娓道来，纵横古今中外；他更不忘在后记中再对声学发展的前景作一番展望，使读者对现代声学的来龙去脉有一个全面的了解，读来委实令人陶醉。

声学问题的处理方法，不外是物理声学方法、几何声学方法、统计声学方法和动态类比方法。不同的问题适用不同的方法来解决；同一个问题也可以用不同的方法来处理，以求结果简单或相互印证。在书中可以看到，他对声学问题观察之敏锐和对这几种方法运用之娴熟。前文已经提到，莫尔斯用物理声学算法给出的矩形室内的声压，与白瑞内克按统计声学得出的结果有原则性的出入。马大猷经过审慎地研究并通过实验证实，莫尔斯的公式缺乏直达声，从而廓清了这一重大理论问题。在书中他给出了室内稳态声场的严格解。该章采用了和莫尔斯一样的标题——驻波，而不是房间声学。

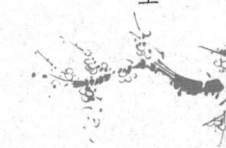

　　他对同一个问题有时采用不同的方法来处理，以求相互印证并能揭示出问题的本质特征。颤动回声问题，本来是他初到美国时导师孥德森给他的题目，已经解决并于 1941 年发表了论文。文中采用了两种方法进行分析，还作了详细的讨论。可是，他并不以此为满足，将其直接收入书中，而是又加以新的论述和数学处理，重新写入该书。他是不喜欢"炒冷饭"的。对学生发表的论文，也总是要求要有新意，也就是创造性。科学最重要的精神就是批判性和创造性。批判性就是对理论或假说的检验。创造性则是拓展人们对未知世界的认识。他 60 多年从事科学研究的哲学理念和科学方法，在这本书中都得到了充分的体现。

　　与只习惯于建立数学表达形式的唯理主义物理学家不同，他在书中和以前发表的论文中，总是把数学推导和物理概念紧密结合起来，把声学理论和实际应用结合起来。在讲到蠕行波的时候，他就举出天坛回音壁的例子。以前大家普遍接受的解释是几何声学的概念，声波沿光滑的圆形表面不断反射的结果，总有一点牵强。在讲阻尼振动的时候，他就联系到电表指针的设计；在谈到拍（音）时，他还引出声学测不准原理。在处理复杂的声学问题时，如电动扬声器这样一个集电、力、声系统于一体的复杂对象，以及微穿孔板的线性与非线性问题，他都特别突出物理概念的分析，抓住主要特征，以便于读者把握。在对非线性声学问题的处理方法上，更加凸显出他的特长。他认为非线性驻波问题之所以无人问津，问题不在于数学工具而在于物理认识。遵循这一理念，他和他的学生刘克才在非线性驻波研究领域创造性地取得了一系列成果。

　　由于在力学、电磁学和声学当中，描写物质运动规律的微分方程具有相似性，所以很自然地产生了电、力、声类比的方法。他借助电磁学和电路理论中比较成熟的算法，有效地解决了声学中的类似问题。马大猷由于在哈佛大学兼受物理学和电信理论两方面的训练，所以对这种动态类比方法很熟悉，因而在书中专门加以论述，以利于来自理科或工科的声学工作者学习运用。正是这种声学理论和实用解决问题方法的紧密结合，为在德国工作的中国声学家查雪琴运用马大猷的微穿孔板吸声体理论成功解决德国波恩联邦议会大厦的声学问题提供了有利条件。

　　他对新理论和新技术的发展十分关注，近年来热声技术受到科学技术界的广泛重视，他在书中就专辟一章来加以介绍，并对一些重要问题加以理论分析。对近年来新出现的硅传声器研究，他也结合驻极体传声器，同时加以介绍。在讲扩散声场的时候，他就介绍建筑声学中新出现的施罗德扩散体，亦称二次余量扩散体（quadratic residue diffuser，QRD）。这种扩散体可以有效地消除频率染色效应①。原先纽约交响乐大厅的上挑台里就出现过这种现象。20 世纪 70 年代末，德国哥廷根大学的施罗德（Schroeder，M. R.，1926~2009）借助数论发明了一种扩散体，可以解决这种问题。它是一种不规则的平面，在一块平板上刻有一系列深度不同的槽沟，使声音反射时产生扩散。此类扩散体在 20 世纪八九十年代以后才开始应用。这种新技术对中国的建筑声学设计，无疑是大有用处的。

纵览全书不难发现，马大猷在用数学工具处理各种复杂问题时，其背后总有一幅相关问题的清晰的物理图像，据以判断运算任务。他也始终坚持科学哲学中的简单性原理，从而提高研究成果的可用性。这正是他的学术思想的集中体现。2004 年 3 月 1 日，这本专著的出版发行恰逢他的 89 岁大寿，真是老骥伏枥，壮心不已呀！声学研究所特意为他举行了新书发布会，用这种方式纪念他的生日，他是非常高兴的。

声学研究所为马大猷的专著《现代声学理论基础》举行新书发布会

通观他发表的 200 多篇学术论文，有 150 余篇是在 60 岁以后发表的，约占 3/4；编著图书 20 余种，60 岁以前编著的只有 4 种，不到 1/5。这可能是老一辈中国科学家特有的比较普遍的现象。他们在海外求学，学成回国正当壮年，可是恰逢日本侵略，国难当头，政府腐败，民不聊生。他们

---

① 在有着平坦光滑侧墙的矩形大厅中听音乐，会感到声音是脆的、硬的或有些刺耳的。这种现象类似于光学上的眩光，声学上称之为"频率染色效应"。

虽不能大展身手，但总是艰苦创业；教育救国、科学救国之心拳拳。在那种困难的条件之下，他们仍然能在内迁的大学里，如西南联大、浙江大学等，培养出杰出的人才，撰写出高水平的著作，这是多么难能可贵。新中国成立以后，他们作为社会精英，除了为开拓各自的专业领域奠定基础之外，政治运动、社会活动也不断。这不能不占去他们很多钻研业务的宝贵时光。只有到了晚年，他们才迎来了国家的昌盛、科学的春天，这时他们才有了大展宏图的条件，自然就获得了累累硕果。

第七节 《声学学报》——展示中国声学成就的窗口

虽然在20世纪30年代，就有前辈物理学家叶企孙开始注意现代声学问题，但是直到50年代末60年代初，中国的现代声学不得不说还处在摇篮之中。在1956年编制完成12年科学技术远景规划以后，才正式组建起由马大猷领导的有组织的声学专业研究队伍，当时也不过就十几个人。由于国家采取发展尖端科学的"紧急措施"，经过七八年的发展，到1964年声学研究的学术组织——中国物理学会声学专业委员会就形成了，开始出版自己的学术刊物——《声学学报》。《声学学报》自1964年创刊以来，一直是马大猷任主编。《声学学报》不但是中国声学界同行学术交流的园地，也是向国际声学界展示中国声学研究成就的窗口。许多外国同行，除了在国际会议上与中国声学家进行交流之外，主要是通过《声学学报》来了解中国声学的发展。从创刊伊始，马大猷就坚持高标准，采用美国物理学会的版面格式，从审稿到定稿他都一一过目。编辑部下面只有两名工作人员，都是从研究室调出来的，并没有编辑工作经验。经过他对他们在实践工作中的培养锻炼，前后两代编辑不断成长。现在一位后来的编辑籍顺心已经成长为编审和学报副主编。

创刊初期，《声学学报》为季刊；改革开放以后，由于声学事业的迅速发展，扩版为双月刊。他努力使中国的声学研究走向世界，为了便于国外同行阅读，有一个时期除了英文摘要之外，还曾经采用中英文双语的图题图注和表题表注。后来开始发行英文版，选择学报中优秀的论文写成英文发表。每年接受投稿200多篇，当年录用发表的只占1/2左右。马大猷尽管各项工作很忙，但对学报工作一丝不苟、绝不放松。他对每篇文章的审稿意见都要过目，最后由他决审发稿。由于他声学和相关学科学养深厚，且在科学实践中经验丰富，看起稿件来很快，工作效率很高。他绝不压稿，但也绝不放过关键性的差错。正是由于他的严格要求，许多投稿人都从《声学学报》的审稿过程中获益良多。也正是由于他坚持高标准、严要求,《声学学报》才获得了国内外学术界和期刊界的认同和肯定,被认为是精品学术期刊之一。《声学学报》1996年获得中国科学院优秀科技期刊评比三等奖,2000年获得中国科学院优秀科技期刊评比二等奖,2005年又获得中国科技期刊青年编辑奖。

现在,《声学学报》被国务院学位委员会办公室评定为国家一级期刊,被科学技术部定为中国科技核心期刊,被教育部评定为中文核心期刊,被中国科学院评定为优秀期刊。《声学学报》还被美国EI检索系统收录为核心期刊,被英国《科学文摘》、美国《力学评论》和俄罗斯《文摘杂志》收录。由于《声学学报》在国内外的声誉,《声学学报》英文版由外商代理在国外发行。编辑发行两份学报,这样大的工作量,获得多个奖项和得到很高评价,这样优异的成绩,都是由一位主编和两位工作人员(其中一位为副主编)所完成的。这要有多么强的工作能力和多么高的工作效率才能够胜任哪。像这样精悍的只有三个人编辑出版两份学报的编辑部,恐怕是不多见的。

第八节 九十华诞 四海宾朋

2005年,马大猷90岁了,他仍活跃在学术工作前沿,每周照常一、三、五上午到办公室上班;两个学报(声学学报中英文版)工作也未放松。他的两位博士师生:田静时任中国科学院声学研究所所长,刘克时任普通声学研究室主任,积极筹办了一次隆重而又有意义的祝寿活动。首先,在2005年2月28日召开了"现代声学进展"国际声学报告会,邀请了国内外10名专家学者作专题报告。马大猷的老朋友——丹麦B&K创始人、声学家布瑞尔(Brüel),日本东京大学教授、著名语音科学家藤崎博野(H. Fujisaki)和英国曼彻斯特大学教授鲍尔(A. Ball)都欣然到会并作了精彩的报告。北京市建筑设计研究院的项端祈高级工程师、香港理工大学的黄立锡博士、南京大学的王新龙博士、同济大学的毛东兴博士,以及马大猷的学生田静、丰乐平(在瑞典皇家理工学院任教)、张家騄先后在大会上就声学的不同领域作了报告。以召开学术会议、进行学术交流的方式来纪念这位老寿星的九十华诞,是再好不过的方式了。因为他的一生就是为学术研究和科学教育而积极活动的一生。没有什么礼物比展示科学成就和学术成长更让他高兴的了。

2005年3月1日假新世纪饭店,为马大猷举行了盛大的生日宴会,到

庆祝马大猷九十华诞学术活动

马大猷九十华诞寿宴上与历届声学专业的研究生合影

会的各界宾朋和他的新老学生近 200 人。

第九节　一点遗憾

马大猷从 1936 年涉足声学研究，到 1938 年建立房间中简正波的计算公式，再到 1939 年与亨特和白瑞内克一起奠定了房间声学的简正波理论，经过了 60 多年的努力，除了为中国现代声学奠定基础工作以外，他还不忘发展建筑声学理论。在 21 世纪初，他完成了"室内声场理论"，并对莫尔斯的经典理论进行了匡正。不愧为简正波理论奠基人之一的权威之作。

在微穿孔板吸声体研究中，他不断使理论计算完善和发展，从微孔到微缝，从理论到应用，可为全面而细致。

20 世纪末，他老当益壮，不惧艰险，率领学生刘克开拓新领域——非线性声学，很快就取得了重要的成果，得到了国际同行的赞许。可是不无遗憾的是，在中国科学院声学研究所并没有成长起来一支建筑声学的研究团队。要知道，这可是马大猷最具权威的、最有影响力的分支学科呀。

为迎接国庆 10 周年，1958 年决定修建北京十大建筑，最初是有国家大剧院的。可是考虑到当时国家的财政情况，后来决定缓建。实际上，清华大学已领先作好了详细的设计方案；马大猷也作出了大剧院的音质设计草案。提起人民大会堂，过去大家都知道获得 20 世纪当代中国建筑艺术大奖的建筑师张镈，以及解决万人大会堂音质问题的声学家马大猷。可是今天当各种媒体（电视、报刊和杂志……）在介绍新建的国家大剧院的时候，告诉我们的是"这是法国建筑师保罗·安德鲁的杰作"，或者再告诉一家"法国巴黎机场公司"；不论是歌剧院还是音乐厅的音质都与中国声学家（更不用说与声学研究所）没有关系了。这不能不让人感到怅然！

具有世界一流建筑声学理论水平的声学研究所，却没能建立起一流的建筑声学研究团队。当然，这一方面是 20 世纪中国的科学研究政策和环境使然，另一方面也与马大猷没能关注对接班人的培养有关。所以，他在 2007 年声学研究室新老同志在一起的春节团拜会上，对他的老学生们不无遗憾地说出，"你们都是自学成才啊"。

第六章 爱国惜民 仗义执言

马大猷年少丧父,全靠寡母抚养成人。家中还有两个年幼的妹妹,所以他从小便感受到生活的艰辛,也养成了照顾他人的义务感。他小时候,20世纪初,国际上帝国主义为争夺势力范围而爆发了第一次世界大战;国内军阀割据,内战频仍,政府腐败无能,国力日渐衰落。这时日本帝国主义势力不断扩张,1914年借对德宣战之机,抢占德国在中国的势力范围——山东半岛,进而于1915年又提出旨在吞并中国的"二十一条",并以武力相威胁。窃国大盗袁世凯领导的北洋政府腐败无能,又加上袁世凯妄图称帝的野心,在1915年5月9日接受了丧权辱国的"二十一条"的绝大部分,这让全国人民义愤填膺。全国教育委员会便把5月9日定为"国耻日"。帝国主义的侵略进一步激发起中国人民的民族主义情绪,爱国、科学、民主成了新文化运动的主流。终于在1919年爆发了震动全国的"五四运动","外抗强权,内除国贼"的口号深入人心。中国人民开始觉醒,新一代革命青年迅速成长。

第一节 爱国救亡 深植心中

1927年,日本首相田中义一主持召开"东方会议",制定了《对华政策纲要》(田中奏折),提出"欲征服支那,必先征服满蒙,欲征服世界,必先征服支那。倘支那完全可被我国征服,其他如小中亚细亚及印度、南洋等异服之族,必畏我敬我而降于我"。日本侵略中国的野心昭然若揭。

1926年,马大猷入北京师大附中,受到了良好全面的教育,爱国主义思想和社会中坚的责任感与各门课业同时根植于他的头脑之中。特别是师大附中的"忧国忧民,求真求善,克勤克俭,自立自强"的传统精神,对他的影响更加深刻。科学救国的思想也在这时萌生。

1928年,正值第二次北伐战争期间,日本唯恐北伐成功、中国统一,就不能在中国为所欲为了,所以极力加以阻挠。这一年的5月1日,国民革命军攻克济南,日本在5月3日就派兵侵入中国政府在济南设立的山东交涉署，将交涉员蔡公时（他也是战地政务委员会外交处主任）割耳削鼻，然后枪杀；同时将交涉署人员全部杀害，并焚烧掠夺；在济南造成了惨无人道的济南惨案（"五三"惨案）。此案中官民被焚杀死的有17 000多人。这一事件，在马大猷幼小的心灵里留下了深深的印记。

紧接着，日本又在东北发动了"九一八"事变，在"不抵抗"政策下，尽管东北军在东北有16万多人，而日本军也不过只有6万多人，可是很快日军就占领了东北三省。1932年3月1日，日本扶植溥仪成立了傀儡政权——伪满洲国。日本对中国的侵略愈演愈烈。

1932年，马大猷考入北京大学物理系之后，在这个"五四运动"的策源地，更加受到爱国、科学、民主和进步思想的影响，所以在日本加紧侵略中国、华北陷入危机的时候，他就毅然参加"一二·九"运动。这是继"五四运动"以后，又一次伟大的爱国学生运动。"一二·九"运动为以后的抗日战争作好了思想准备和干部准备。他还参加了罢课，这是当局所不容的，以至于在1936年北大毕业的时候，没能实现他原来的理想——留校做助教。

1937年，当他作为清华大学留美公费生正忙于准备赴美留学的时候，日本便发动了全面侵华战争。他在清华大学南迁的途中，在天津遭到了日本宪兵的无理拘留，长达33天之久（日本人害怕中国学生南下，发动群众掀起抗日高潮）。这更激起了他对日本帝国主义的仇恨，爱国热情高涨。他到了长沙（清华大学的临时校址）便向梅贻琦校长提出暂不出国，在国内参加抗日。学校经研究以后决定，仍让他按原计划出国。后来他虽身在国外，仍心系祖国，不忘抗日。1938年，他在就读哈佛大学期间，就积极参加华侨组织的"一碗饭运动"（A bowl of rice' movement），为救济抗日战区的难民募捐。

早在1931年日本发动"九一八"事变侵占中国东北的时候，在北美的爱国华侨的91个组织，就立即联合集会，成立了美国救援中国抗战协会（China War Relief Association of America），接着很快就在西方各国成立了40多个分会。可是当时国民党政府在蒋介石的"攘外必先安内"的政策下，对日本的侵略不抵抗。华侨们就发起"一碗饭运动"来募捐筹款，支持抗战。有不少人捐款500~1000美元，而当时他们的平均月工资也不过30美元。从1937年7月到1939年7月，在美国就募得捐款1500万美元，在加拿大得到约1300万美元。1941年宋庆龄在中国香港发起了"一碗饭运动"，激起了港民的爱国热情，大家纷纷去吃"爱国饭、救国饭"，为抗战和救济难民捐款。

马大猷不是钻进书本不问世事的书呆子。尽管课业繁忙，但1939年在波士顿他继续参加为抗日难民救灾的义卖和捐款活动。他始终关心国内的抗日战争。为了不做亡国奴，他在回国以前，就安排他的母亲和妹妹前往昆明。当他在毕业典礼获得博士学位以后，便立即返回燃遍抗日烽火的祖国，在西南联大任教，以实现他教育救国的理想。

第二节　教育救国　支持学运

抗日战争胜利了，本当停止内战、建设国家、改善民生，可国民党反其道而行之，撕毁"双十协定"，妄图实现一党专政。1946年年初不但制造了"一·二一"惨案，还暗杀了著名爱国人士李公朴和闻一多。

李公朴和闻一多先后被国民党特务暗杀，马大猷不顾白色恐怖的威胁，前往医院去探视遗体；西南联大北上复校途中他在重庆小住，还向早到的同事报告李、闻二先生被特务杀害的情况，控诉国民党反动政府的倒行逆施。这充分表现出他的急公好义的精神。

北京大学复校以后，工学院成立，正是民主革命风起云涌、"反饥饿反内战"的呼声响遍全国的时候，学生运动十分活跃。这时马大猷做了工学院院长，他仍旧继承北京大学的民主传统，对学生运动不予干涉，也不容许外人入校干涉。他不但不干涉学生们的正义行动，有时还要出面积极支持。1946年的圣诞夜，北京大学先修班的女学生沈崇在东单遭到美国大兵强暴。1946年12月30日，1万多名学生进行了全市的抗暴大游行。抗暴运动得到了广大教授的同情和支持，他们纷纷站出来仗义执言。北京大学袁翰青、吴恩裕、费青、沈从文、周炳琳、闻家驷、马大猷、朱光潜等48位教授发表了致美驻华大使司徒雷登的《抗议书》，要求美国政府赔偿被害人之损失，对犯罪之士兵绳之以法，并保证以后绝不能再有类似事件在中国任何地方发生。他们的行动不仅在学生当中，而且在社会上都有很大影响。

北大、清华的教授们积极支持学生的爱国运动。钱端生、周炳琳、马大猷等102人发表了《为反内战远动告政府书》。毛泽东认为，伟大正义的学生运动与蒋介石政府之间的尖锐斗争是继国民党军队与人民解放军的军事战线后，新开辟的第二战线。在国民党政府统治时代，站出来为学生说话，是要冒极大风险的。可是，马大猷爱国从不后人，在这两次对当时社会很有影响的活动中，他都勇敢坚定地站出来，维护民主和正义，充分显示出他作为先进知识分子的高度社会责任感。

第三节 一"马"当先 "脱帽加冕"

1961年1月,召开扩大的中央工作会议,参加者有7000多人,故又称"七千人大会"。会上对中国共产党的"左倾"路线进行了批评,对经济建设工作中的冒进政策加以纠正,使自1957年"反右派"运动、"拔白旗"、批判"白专"道路对知识分子的打击,以及1959年"反右倾"运动对各级干部造成的伤害得以平复。全国出现了正常宽松的政治局面。在"调整、巩固、充实、提高"的新方针下,为了使工作走向正轨、建立正常和谐的工作环境,各个部门纷纷制定出一些工作条例:教育工作有《教育部直属高等学校暂行工作条例(草案)》(高教六十条);国家科委和中国科学院制定了《关于自然科学研究机构当前工作的十四条意见(草案)》(科学十四条);中共中央宣传部起草了《关于当前文学艺术工作的意见(草案)》(文艺十条,后改称文艺八条)。政治环境、科学教育和经济建设开始好转。

1962年,中央科学小组组长聂荣臻决定召开全国科学技术工作会议,2月16日到3月8日在广州开会(同时召开的还有全国戏剧创作工作会议,统称为广州会议)。科技界到会代表453人(一说446人有3人未到),中国科学院和各高等学校的科学家有310名,其中有200名学部委员(现在的院士),此外就是各省市自治区负责科学技术工作的领导。会议代表分成18个小组,17个是按学科来分的,另一组是地方科委。马大猷分在物理组。陶铸、韩光、张劲夫、杜润生、于光远、蒋南翔等参加会议领导工作,他们都参加过"七千人大会",于是就把宽松的会议精神也带到了会上。

陶铸作为中共中央中南局书记兼广东省委书记,是东道主,为会议作了精心的准备。虽然那时经济困难、物资匮乏,但还是为会议准备了大量的食品、罐头等。他希望大家安心开会,提出"白天出气,晚上看戏,两干一稀,大家满意",进一步增添了会议的愉快气氛。

这次科学技术工作会议,主要是编制新的科学发展十年(1963~1972年)规划,因为以前的12年规划有的工作已提前完成了。2月16日会议开幕时,聂荣臻就在讲话里提出:要尊重科学、尊重事实,大家有什么说什么;要"三不"——不扣帽子、不抓辫子、不打棍子,今天"三不",今后永远"三不"……敢不敢说实话是衡量科学家的标准。敢于坚持真理,最后一定受人尊敬。

出于对国家大事的关心、对中国共产党的信任，在讨论会上马大猷率先发言，他提出："昨天聂总报告'三不'，不扣帽子，可是我们头上就有一顶大帽子——资产阶级知识分子。如果凭为谁服务来判断，那就不能说我们还在为资产阶级服务；如果说有资产阶级思想或者思想方法是资产阶级的，所以是资产阶级知识分子，那么脑子里的东西不是实物，是没法对证的。这个问题谁能从理论上说清楚？"（龚育之，1999）这一问题立即引起了广泛的共鸣，大家议论纷纷。因为马大猷说出了他们在心中既想说而又不敢说的话。自从1957年那场引蛇出洞的"反右"运动以后，人人心有余悸，知识分子早就噤若寒蝉，社会上也是万马齐喑。在那个年代，资产阶级知识分子这顶帽子，不但使本人受到许多不公正待遇，而且殃及家庭和子女。所以人们称赞马大猷的这一举动为"一马当先"。中国科学院党组书记张劲夫还在科学院的会议上表扬过马大猷，说他不说客套话，不说"政协话"，只说心里话。

这时周恩来总理来到广州，他一直是关心科学文化事业的。于是他召集会议，听了汇报也看了简报。周总理让参加会议的人一一表态。聂荣臻表示，应当给知识分子摘掉资产阶级的帽子。张劲夫等也都赞成。周总理还特别问中宣部的于光远，于也表示赞成。3月2日，周恩来总理就向科学工作会议作了报告。他从知识分子的定义和地位说起，讲述了中国现代知识分子的发展过程并且现身说法，强调了如何团结知识分子，以及知识分子的自我改造问题。他宣布我国的知识分子已经是属于劳动人民的知识分子了，一般不再是资产阶级的知识分子。

会后讨论，有的小组觉得，现在帽子是摘了，但是还没有加冕，似乎有些不足。于是陈毅副总理便在3月5日和6日分别向两会的代表宣布，要为知识分子"脱帽加冕"，也就是脱资产阶级知识分子之帽，加劳动人民知识分子之冕。于是大家心情舒畅，高高兴兴，马大猷和几位代表还一起买来茅台酒，举杯相庆。

聂荣臻在总结报告中说道，25天的神仙会开得好，进一步明确了对知识分子的看法，脱了帽子加了责任。这是在科学十四条中没有说清的问题，这次解决了。聂荣臻还特别强调，要把优秀青年选拔出来做研究生，要恢复学位制度；加强培养优秀人才，老科学家10年内，要培养出一批优秀门生。

今天，当大家沐浴在改革开放及知识分子是工人阶级的一部分的政治春风中的时候，不应忘记马大猷在广州会议上发出的真诚勇敢的呼声。

第四节　控制噪声　造福社会

20世纪60年代，工业发达国家由于追逐利润最大化，不断地出现环境公害事件。这引起了国际社会的普遍关注。因此，联合国决定在1972年召开国际人类环境会议，同时也向中国发出了邀请。在周恩来总理的指示下，中国派出了由国家计委、卫生部、燃化部和外交部组成的代表团，参加在瑞典斯德哥尔摩召开的第一届联合国人类环境会议（6月5～16日）。会议通过了《人类环境宣言》，并确定6月5日为世界环境日。与会的中国代表认识到中国也存在环境问题，并且意识到中国城市的环境问题不比西方国家轻，而且在自然生态方面的问题还比西方国家严重。这是因为新中国成立之初，百废待兴，工业建设急需发展，人们环境保护意识薄弱。因此，我国当时主要注意由工业污染引起的卫生问题，并对工业建设引起的废水、废气、废渣问题加以处理（1958年的"大跃进"带来了严重的环境污染和对自然生态的巨大破坏）。

第一届联合国人类环境会议促进了中国环境保护意识的觉醒。中国遂于1973年1月成立了国务院环境保护领导小组筹备办公室，1973年8月召开第一次全国环境保护会议，从而翻开了中国现代环境保护的新篇章。马大猷在这次会议上提出，除废气、废水、废渣以外，应当把噪声也作为一项公害加以处理，呼吁社会重视噪声问题。呼吁逐渐得到了国人的理解和重视。早在1965年他就开办过全国噪声训练班，为开展各部门的噪声控制工作培养了干部，同时也是对社会的一次广泛的宣传。其后，在各地的劳动保护部门和卫生部门都开展了相应的工作。这回他又组织并参加了大范围的环境噪声调查工作，1974年李炳光等首先在北京、天津等八大城市进行城市噪声调查，以后逐渐扩展到全国各大城市，主要测量交通噪声和居住环境噪声。他们做的"京津渤地区环境噪声评价"工作，在1985年获得了中国科学院科技进步奖一等奖。1986年，国际城市交通噪声座谈会在美国加利福尼亚大学洛杉矶分校召开，马大猷在会上报告了"中国城市交通噪声现状"。这期间大家都会看到，在全国许多大城市的交通路口，都安装了噪声级实时显示装置，用以警示人们对噪声问题的关注。取消汽车用的刺耳尖锐的气动喇叭和禁止汽车随便鸣笛，也是从那时开始的。

为了扩大影响和便于有关工作人员的学习和工作，他主编了《环境物理学》、《噪声控制学》，还写出专著《环境声学》，以推动环境保护工作。

1983年他被聘为城乡建设环境保护部科学顾问，同年中国劳动保护学会成立，聘请他作顾问。1989年9月26日，国务院发布《中华人民共和国环境噪声污染防治条例》；1993年，制定了国家标准《城市区域环境噪声标准》（GB3096—93）；1996年10月29日，第八届全国人民代表大会常务委员会第二十二次会议通过，经中华人民共和国主席令第七十七号公布《中华人民共和国环境噪声污染防治法》，并于1997年3月1日起开始实行。这部国家大法，详细叙述了对环境噪声污染的监督和管理，并分别对工业噪声污染、建筑施工噪声污染、交通运输噪声污染、社会生活噪声污染的防治做出了相应的规定。这是多年来马大猷和全国从事噪声控制工作的同行们共同努力的结果，这更是环境保护理念的进步和中国政府以人为本执政理念的体现。

第五节　建言加强基础研究　以利发展自主创新

马大猷在专著写作完成以后，对自己的学术成就也就作出了一个完满的总结。进入90岁高龄的时候，他开始关注中国科学事业的发展，为促进科教兴国积极向政府进言献策。他根据自己60多年从事教学和研究的经验与教训，以他深邃的见解写出十几篇文章，提出了十分中肯的意见。他首先深入研究、全面论述基础研究对提高国家综合实力的重要意义。邓小平关于"科学技术是第一生产力"的著名论断，自打"科学的春天"到来以后就逐渐深入人心。进入21世纪，高科技的迅猛发展、经济全球化的不断扩大，使人们清醒地认识到：科技兴则国家兴，科技强则国家强。马大猷觉得，我国的科学技术水平还比较落后，只是在落后的国家中算是比较强的。研究水平在不断下降，国际前沿够不上，新高技术主要靠引进。他从英国《自然》杂志上看到对1993～2001年31个国家和地区的科学论文统计，按论文引用排列次序，中国名列第十九位。全世界科学论文引用率最高的科学家和技术人员有4000人，中国只占13人，其中中国香港11人，中国内地只有2人。他感到很着急。

要想科技发展兴旺，科技力量强大，就必须提高自主创新能力。马大猷说："如何加强自主创新能力？我认为只有真正加强研究工作，创造出新的生产知识，才是根本。""得到新的科学知识只有靠基础研究，没有任何其他办法。""科学技术是第一生产力。因此，基础研究也就是第一生产力。"（马大猷，2005）爱因斯坦曾经说过，做个实验，归纳归纳，是得不到新知识的；从理论到理论也得不到新理论。他之所以提出应当重视和加强基础研究,不外是因为在过去很长的一段时间里,过分强调"理论联系实际"、直接为生产服务和"任务带学科"等只重视能立见功效的科学研究的方针,从而对科学研究的选题和科研人员的思想,都造成了极强的束缚。

今天的情况就大不相同了,中国的科学技术已经取得了一定的成绩,"中国制造"已遍布世界,这使欧美各国顿感不安。要想在世界上站稳脚跟,就要真正认识到胡锦涛主席在2006年全国科学技术大会上指出的:"自主创新能力是国家竞争力的核心,是我国应对未来挑战的重大选择,是统领我国未来科技发展的战略主线,是实现建设创新型国家目标的根本途径。"因而,为实现自主创新的目标,不论是原始创新还是集成创新与引进吸收、消化再创新,必须要重视和加强基础研究。

那么,怎样进行基础研究呢?马大猷认为,基础研究是系统性地、创造性地处理自然现象,寻求新的科学知识及文献中没有的理论、规律、技术和方法等。于是他根据爱因斯坦的意见,说寻求新的科学知识主要包括三点。①提出新问题,也就是文献中没有解决的新问题,或者另有新解的旧问题。只有研究新问题,才能求得新结果。②深入思考,持续全面地考虑与问题有关的现象和理论。③大胆设想,不囿于书本或前人的结论,跳出窠臼,另辟蹊径。这主要靠科学家去思考并作出判断。因此也就要求研究者:一是必须具有好奇心、想象力和创造性;二是对科学和研究工作具有浓厚的兴趣;三是要有深厚的科学知识和丰富的研究经验,最好具有博士学位。他还说,既然要产生新思想、新知识,不通过完全集中精力认真思考是不可能办到的,到了下班时间就不再想了是不可能的,甚至在睡眠时间也常会想起重要问题,下意识并不完全停止活动。精力集中是非常重要的,只有精力集中,偶然性、灵感才有可能起作用(马大猷:基础研究探源,科学时报,2005年8月16日)。这可是他十分宝贵的经验之谈哪。他赴美留学,在加利福尼亚大学洛杉矶分校,不到一年的时间里,就创建了室内简正波的计算公式,用不同的思路来解决另一位美国博士生的研究问题,就是这样做的。需知"灵机一动"(过去媒体对他的这一成就进行宣传时常用的词)的背后,是以深厚的基础知识和集中精力的深入思考为基础的。

那么中国的科学技术基础如何呢?马大猷认为,科学技术水平就是科学家和技术家的水平,这离不开教育的水平;我国教育基本达到国际水平。各级学校的学生都比较努力,成绩相当好。几年来,中学生参加的数学奥林匹克、物理奥林匹克、化学奥林匹克等国际考试,都是名列前茅,

第六章　爱国惜民　仗义执言

而美国常在二十几名。大学毕业生申请到外国做研究生也不困难,入学后考试成绩也很好。多数科学技术人员的基础也很好,对专业熟悉。这是高级研究、开发工作的基础,颇有前途。李政道、杨振宁和后来的崔琦,他们都在国内读中学和大学(崔琦在美国读大学),再到美国做研究生和工作,最终获得诺贝尔奖。还有更多的人在国外成了有重要成就的教授或工程师。原因就在于研究环境改变了,科研体制不同了。所以不是中国作科学技术研究的人不行,而是科学技术的管理体制问题。

有的记者在报道这位耄耋院士的赤子情怀时,曾说他"并未明言科研体制存在哪些问题"。其实不然,首先马大猷在几篇文章里,多次强调"用行政领导方法领导科学工作的办法必须取消",他的一篇文章的题目就是"必须用科学方法领导科技工作,以实现经济可持续发展"(见中国科学院院士建议,第4期(总第129期),2005年3月11日)。他指出:"研究、开发是创造性的工作。科学技术研究人员必须具有丰富的基础知识和充分的研究经验,而且要在不受任何干扰的情况下,才可能发挥其想象力,创造性地提出新课题,竭尽全部精力取得新的科学知识。科学工作与一般行政工作完全不同,不能用行政领导方法领导科学工作。用科学领导科学工作,这是现代国家的普遍规律。"这也是他自己在过去工作中的切身体会。1973年以后,他和他的学生不愿做"逍遥派",自愿结合组成气流噪声研究小组,这时行政领导都被打倒了,"革命派"又只突出政治,于是再无人对研究工作发号施令。他们就根据国际的发展和国内的需求,开始研究气流噪声问题,并做出了突出的成果。后来获得国家自然科学奖三等奖。他认为这是他做研究工作最愉快的时光。

他认为,"科学领导是发展科学技术的关键问题"。那么怎样用科学领导科学呢?他说,"我国曾提倡'百花齐放,百家争鸣',这就是用科学领导科学研究,(也)就是一切以科学业绩为准"。"百家争鸣"就是学术自由,这是过去上千年的经验总结,中外一理。领导应当保证,科技人员在轻松自由的环境中工作。让他们在其工作范围内完全自由,自主决定工作计划,选择和改变研究课题,决定研究路线和试验方法等。在具体研究工作中不受干扰,这不是优待他们,而是让他们踏实工作,要做出成绩来。老一辈国家领导人邓小平曾说过,"我给你们当后勤部长",中国科学院原党组书记、副院长张劲夫也说过,为了出成果、出人才,我愿意"给科学家提皮包",都十分形象地体现了领导科学的重要任务,就是为科研人员和科研工作创造有利的条件,减轻研究人员的各种负担,使其无后顾之忧,全身心投入工作。这也就是科学的领导方法。马大猷还对如何公正有效地进行科研成果的评价、科研经费的分配和科研人员的职称评定等，这些也属于领导科学技术发展的重要组成部分，发表了自己的见解。

马大猷认为基础研究的概念不是孤立的，基础研究、创造性的科学知识，是国家科学水平和经济发展的源泉，最为重要；但还需要10倍的技术开发力量，使科学知识转化为技术或产品，也许还需要百倍的技术创新力量，使技术或产品不断提高、推广。所以，基础研究、技术开发和技术创新，不管哪方面取得重要成果，都是对国家的重要贡献。微穿孔板吸声体在国际上的成功推广应用，就是一个很好的例证。首先是马大猷完成了微穿孔板吸声原理的基础研究，再由广播电视局的查雪琴在德国加以开发、创新应用，进而完成国际上的技术推广。他一贯重视基础研究与工程应用之间的密切关系，所以他在写论文的时候总是考虑到应用问题，物理概念明晰，公式表达简洁。尽管他和他的导师与同学，在房间中的声衰变研究中，为建筑声学简正波理论奠定了基础，可是他的博士论文却将其发展为非均匀边界问题，以便于应用。在微穿孔板吸声体理论的论文中，他也给出了便于设计应用的图表。

他还强调在科学研究和技术创新中个人活动的重要性。他列举近百年来的重要的发现和发明，如放射性、阴极射线管、X射线、原子结构、无线电报、电子管、量子力学、核裂变、激光、电子计算机、光通信等，作为实证。他不同意借着"大科学"来宣传，说科学研究靠个人已成过去，现在是集体活动了。他认为"大科学"是工程。可以看出，马大猷对科学技术领域的自主创新，以及为实现自主创新而必须加强基础研究并且要有相应的科研体制改革，有着全面系统的看法。

正是由于他对科学事业的执著，对社会发展的关怀，所以他对那些为骗取金钱或沽名钓誉的伪科学，从"亩产几万斤"、"超声万能推翻法拉第定律"到"特异功能"、用"耳朵听字"，都旗帜鲜明地表示反对；他也对有些科学家跟着推波助澜而感到遗憾。他很关心科普工作，2004年除了完成他的学术专著之外，还写出了院士科普书《说话的科学技术》（马大猷，2004c）。

出于爱国的热忱，基于从科教救国到科教兴国，一直到今天的自主创新，60多年一路走来的实践经验和理论修养，马大猷在2005年8月1日给时任总理温家宝写了一封信，附上他写的两篇文章《国家实力根本源于基础研究》与《推广基础研究》，呼吁加强基础研究，实行学术自由。温家宝总理甚为重视老科学家的意见，珍惜老科学家的爱国热情，于8月9日就作了批示："马老虽已高龄，仍然关心国家的科技事业，令人感佩。

他关于基础研究和自主创新的观点和论述很有见地,所提意见也很中肯。基础研究是应用开发的先导和源泉。我赞成马老提出的重视和加强基础研究的意见。"(国家信访局,2005)这令马大猷深为感动,他说总理这么快就批了,"没想到,出乎意料"。

这就是马大猷,一位受人尊敬的好科学家、好教育家。

参 考 文 献

白吉庵.1993.胡适传.北京：人民出版社.
戴念祖.1994.中国声学史.石家庄：河北教育出版社：268.
龚育之.1999.为知识分子"脱帽加冕"的广州会议.百年潮，(1)：5-13.
国家信访局.2005.来信摘要，(230).
陆学善.1931.中国棉被只吸引能力.科学，15(6)：851-863.
马大猷.1941.国语中的语音分配.国立北京大学研究院文科研究所油印论文之十七.
马大猷.1947.工程教育的商榷.见：独立时论集（第一集）：75-77.
马大猷.1956.关于发展声学研究工作的意见.科学通报，2月号：68-73.
马大猷.1975.微穿孔板吸声结构的理论和设计.中国科学，18(1)：38-50.
马大猷.1983.微穿孔板声阻抗的直接准确测量.声学学报，8(5)：257-262.
马大猷.1985.稳定地发展教育事业和科学事业.群言，(8)：12-13.
马大猷.1988.论科学研究.见：自然科学发现经验的探索.福州：福建科学技术出版社：26-46.
马大猷.1995.我的青年时代.见：张家騄.现代声学研究——马大猷教授八秩华诞纪念文集.北京：中国科学技术出版社.
马大猷.1996.大振幅简正波.声学学报，21(3)：193-203.
马大猷.1997.微穿孔板的准确理论和设计.声学学报，22(5)：385-393.
马大猷.1998.非线性驻波的饱和函数.声学学报，23(3)：193-196.
马大猷.1999.转折.群言，(10)：7.
马大猷.2002.复议室内稳态声场公式.声学学报，27(5)：385-388.
马大猷.2004a.基础研究的潜力.群言，22-23.
马大猷.2004b.现代声学理论基础.北京：科学出版社.
马大猷.2004c.说话的科学技术.北京：清华大学出版社，暨南大学出版社.
马大猷.2004d.只有数学，缺少物理——莫尔斯室内受迫振动的理论.声学学报，29(1)：1-5.
马大猷.2005.声学基础研究论文集.北京：科学出版社.
马大猷.2005-07-15.国家实力根本源于基础研究.科学时报（学者视角版）.

马大猷. 2005-08-16. 基础研究探源, 科学时报.

马大猷. 第16届国际噪声控制工程学术会议(internoise'87), 1: 21-34.

马大猷, 刘克. 1996. 非线性驻波的饱和规律. 中国科学(A辑), 26 (4): 3366-3377.

马大猷, 李沛滋, 戴根华, 等. 1977. 小孔喷注噪声和小孔消声器. 中国科学, 20 (5): 445-455.

马大猷, 李沛滋, 戴根华, 等, 1978a. 湍流喷注噪声的压力关系. 物理学报, 27 (2) 121-125.

马大猷, 李沛滋, 戴根华, 等. 1978b. 多孔材料的出流和多孔扩散消声理论. 物理学报, 26 (6): 631-644.

莫尔斯 P M, 英格特 K U. 1984. 理论声学(上、下册). 吕如榆, 杨训仁译. 北京: 科学出版社.

西南联大《除夕副刊》编者. 2010. 联大八年. 北京: 新星出版社.

西南联合大学北京校友会. 2006. 国立西南联合大学校史——1937年至1946年的北大、清华、南开. 北京: 北京大学出版社: 160, 427.

杨训仁. 1997. 大气声学. 北京: 科学出版社.

姚雅欣, 杨舰, 田芊. 2006. 近代建筑声学在中国的奠基——以清华大礼堂听音困难校正为中心的观察. 中国科技史杂志, (6): 353-364.

叶企孙. 1927. 清华大礼堂之听音困难及其改正. 清华学报, 4 (2): 1423-1433.

查雪琴, 康健, 张婷, 等. 1994. 微穿孔板的应用技术. 声学学报, 19 (4): 258-265.

郑学坚. 1998. 追随受教于马大猷先生. 见: 中国科学院声学研究所, 北京大学工学院校友. 恭贺恩师马大猷院士八十八岁华诞纪念文集: 61-62.

中国科学院声学研究所, 北京大学工学院校友. 1998. 恭贺恩师马大猷院士八十八岁华诞纪念文集.

中国科学院院士工作局: 2005. 中国科学院院士建议, (4): 1-6.

周发勤. 1996. 为中国现代声学奠基——记马大猷院士. 中外科技政策与管理: 1996/6: 12-22, (3).

竺可桢. 1989. 竺可桢日记Ⅲ(1950—1956). 北京: 科学出版社: 574.

Hunt F V, Beranek L L, Maa D Y. 1939. Analysis of sound decay in rectangular rooms. J Acoust Soc Am, 11 (1): 80-94.

Maa D Y. 1983. Microperforated-panel wideband absorbers. Noise Control Engineering Journal, 29 (3): 77-84.

Maa D Y, Liu K. 1995. Nonlinear standing waves: Theory and experiments. J Acoust Soc Am, 98 (5): 2753-2763.

Maa D Y. 1988. Sound power emission in reverberation chambers. J Acoust Soc Am, 83

(4): 1414-1419.

Maa D Y. 1940. Non-uniform acoustical boundaries in rectangular rooms. J Acoust Soc Am, 12 (1): 39-52.

Beranek L L. 2008. Riding the Waves——A Life in Sound, Science, and Industry. Cambridge, Massachusetts: The MIT Press.

Maa D Y. 1939. Distribution of eigentones in a rectangular chamber at low frequency range. J Acoust Soc Am, 10 (3): 235-238.

马大猷大事年表

1915	生于北京,祖籍广东潮阳
1921~1926	北京第二十一小学学生
1926~1932	北京师范大学附属中学,高中时为理科班
1932~1936	北京大学物理系
1936	考取清华大学留美公费生,电音学专业
1937	赴美留学入加利福尼亚大学洛杉矶分校物理系,导师努德森
1938	转入哈佛大学物理系,导师亨特
1940	毕业于哈佛大学物理系,获哲学博士
1940~1946	西南联合大学物理系副教授,1942任教授
1946	北京大学设工学院,任院长兼电机系主任
1947	与王荣和女士结婚
1949	北平和平解放,任北京大学校务委员会常务委员、工学院院长兼电机系主任
1950	中华全国自然科学专门学会联合会成立,任常务委员、秘书处处长;曾接待从美国归来的学者梁思礼(后成为火箭专家),并帮助安排工作
1951	加入中国民主同盟,后任中央委员会委员
1952	调任哈尔滨工业大学教务长
1954	当选第二届全国政协委员
1955	当选第一批中国科学院技术科学部学部委员;调入中国科学院应用物理研究所,任研究员及第六研究组组长
1956	参加制订12年科学技术远景规划会议;中国科学院电子学研究所筹备委员会成立,任副主任;开始组建声学专业研究队伍,建立声学研究室,设计综合声学实验室
1958	中国科学院电子学研究所正式成立,任副所长兼第九研究室(普通声学)主任;中国科学技术大学成立,任无线电系副主任
1959	当选第三届全国政协委员

1963	承担"700号工程"任务——福建前线远程有线广播系统研究与设计
1964	中国物理学会声学专业委员会成立,任副主任委员;《声学学报》创刊出版,任主编;中国科学院声学研究所成立,任副所长;当选中华人民共和国全国人民代表大会广东省代表;年中赴山西省洪洞县万安公社参加"四清"工作一年,化名马友
1965	举办全国噪声训练班,为噪声控制培养干部;赴酒泉火箭发射基地测试火箭噪声;参加"651"工程设计,设计建造高声强实验室
1970	声学研究所第八研究室(超声学)、第九研究室(普通声学)并入中国科学院物理研究所
1973	参加第一次全国环境保护会议,提出噪声污染应列入环保课题
1976	任中国科学院物理研究所学术委员会主任、第九研究室主任
1978	当选第五届全国政协委员;中国科学院研究生院成立,任副院长
1979	中国科学院声学研究所复所,任副所长;《声学学报》复刊,任主编;中国物理学会声学专业委员会改称中国声学学会,任副理事长;加入中国共产党
1980	当选为中国科学院数学物理学部副主任;国务院将其增补为中国文字改革委员会委员;当选为中国民主同盟中央委员会常委会委员;当选为国务院学位委员会学科审查小组成员;受聘为中国人民解放军总参谋部科学顾问;全国声学标准化技术委员会成立,任主任委员
1981	当选为纽约科学院院士
1982	"喷注噪声的基础研究及其理论的应用"获国家自然科学奖三等奖;当选为中国声学学会理事长
1983	当选为第六届全国政协委员;受聘为城乡建设环境保护部科学顾问
1984	受聘为北京市人民政府科学顾问;当选为国际纯粹与应用物理联盟声学委员会委员
1985	中国物理学会声学学会与中国电子学会应用声学学会合

	并成立中国声学学会（一级学会），当选为名誉理事长
1986	任中国民主同盟中央委员会副主席
1987	任中国民主同盟中央委员会副主席兼科技委员会主任
1988	当选为第七届全国政协常务委员
1990	任全国政协科技委员会委员
1992	当选为第八届全国政协常务委员兼科技委员会副主任；任中国民主同盟中央委员会副主席兼科技委员会主任
1994	当选为美国噪声控制协会高级通信理事
1997	获得德国弗劳恩霍夫协会金质奖章及建筑物理研究所的 ALFA 奖和奖金 10 000 马克
1998	获何梁何利基金科学与技术进步奖
2004	专著《现代声学理论基础》出版，《声学手册》修订版出版
2005	8月1日向国务院总理温家宝建言：加强基础研究，实行学术自由；8月9日温家宝总理批复
2007	10月底突发脑血栓入住北京医院，从此离开了办公室
2012	7月17日8时40分在北京医院逝世，享年97岁

Summary

Ma Dayou (Dah-You Maa)
—The Founder of Modern Acoustics in China

Zhang Jialu

A brief chronological life

1915	Born in Beijing (Peking).
1921~1926	Beijing 21st Primary School.
1926~1932	The High School Affiliated to National Normal University, Peking (Peiping from 20 June, 1928).
1932~1936	Department of Physics, Peking University.
1936~1937	Got the position of Study in the United States on a state scholarship of Tsinghua University.
1937~1938	Department of Physics, UCLA.
1939~1940	Department of Physics, Harvard University; June 1940, PhD granted by Harvard University.
1940	Arrived at Kunming in August, Associate Professor then Professor (in 1942) of The National South-West Associated University.
1947	Dean of Engineering College, Peking University.
1949	Appointed as a standing member of the Committee of School Affairs, the Dean of Engineering College and concurrently Director of the Department of Electrical Engineering, Peking University.
1952	Dean of Harbin Institute of Technology.
1954	Elected as a member of the Chinese People's Political Consultative Conference.
1955	Professor of Institute of Physics, Chinese Academy of Sciences.

1955	Elected as the member of Division of Technological Science (now Academician), Chinese Academy of Sciences.
1958	Vice director of Institute of Electronics, Chinese Academy of Sciences.
1964	Elected as a Deputy to the National People's Congress.
1964	The Institute of Acoustics was set up, appointed as vice Director of the Institute of Acoustics, Chinese Academy of Sciences.
1978	Appointed as the vice President of The Graduate School, Chinese Academy of Sciences.
1984	Elected as the member of the International Commission of Acoustics affiliated to the International Union of Pure and Applied Physics.
1988	Elected as a member of the Standing Committee of the Chinese People's Political Consultative Conference.

Awards

1979、1989	Awarded first class of the Natural Science Prizes by the Chinese Academy of Sciences.
1982	Awarded third class of the National Natural Science Prizes by the National Natural Science Foundation of China.
1997	Awarded The ALFA-PREIS 1997 of Fraunhofer Institute Bauphysik (Germany).
1998	Awarded The HeLiangHeLi Scientific Progress Prize.

Student times

　　Ma Dayou (Dah-You Maa) was born in Beijing (Peking) on March 1, 1915, his ancestors' land at Chaoyang, Guangdong province. Ma Youlue, his father, was graduated from Meiji University, Japan, after coming back to China, he held a post in the Ministry of Agriculture and Commercial Affairs, Beiyang Government, and he became a lawyer in Shanghai two years before he was past away when Dayou was 15 year old. Little is known about his father's life and their family in hometown. Hence forth his mother, a housewife, hardly worked to support the family with three children (Dayou and his two younger sisters) being at school.

In 1921 Ma started school—Beijing 21st primary school, then enrolled in The High School Affiliated to National Normal University, Peking (then Peiping in 1928) in 1926. He past the entrance exam both of Tsinghua University and Peking University in 1932 and enrolled in the latter and got scholarship soon, because he could not bear the high tuition fee of Tsinghua University. He was one of the outstanding students in the Department of Physics, Peking University. Therefore in 1936 he past an exam of the study abroad on a state scholarship of Tsinghua University in major of Electroacoustics after graduated from the Department of Physics, Peking University. Therefore Ma Dayou became the first person studying abroad in the field of modern acoustics in China, and the heavy loads developing modern acoustics in China had historically fallen on his shoulders.

According to the rules for postgraduate students going to study abroad of Tsinghua University, there was one year preparation work, so in the year of 1937 he read over the abstracts and some important papers published in the Journal of Acoustical Society of America, which was first published in 1929, and in some other publications. At the same time, he had done some research work on speech analysis under the guidance of Professor Zhu Wuhua (1902～1998) and Professor Ren Zhigong (1906～1995), both of them got PhD from Harvard University, and finally presented a report titled " On the Development and Prospect of Acoustics". However, he could not go to the United State in good time, due to the Japanese army intruded into north China, and he wanted to postpone going abroad and to take part in the war of resistance against Japan but the President of Tsinghua University, Mei Yiqi (1889～1962), decided that he should go abroad on schedule. So Ma went to the

University of California, Los Angels (UCLA) with a recommendation letter of Professor Wu Youxun (1897~1977) to Professor V. O. Knudsen (1893~1974) who was a famous acoustician in the world and the Director of the Department of Physics, because he was a classmate of Prof. . Wu in University of Chicago during 1920s.

Begin to show talent in UCLA

It was already in December 1937 when he arrived in UCLA. Prof. Knudsen treated him with consideration, allowed him to sit in on some classes and gave him a master key to go to laboratories, although the registration time of new students had past.

In the labs of UCLA he met a new friend Mr. R. H. Bolt (1911~2002), who was born in 1911 in Beijing (Peking), where his parents were medical missionaries, and they returned to the U. S. in 1916. At that time Mr. Bolt was working on his doctoral dissertation and got some perfect results which improved the original formula of the distribution of the normal modes (It was called eigentones in that time) in a rectangular room first presented by Lord Rayleigh: $N = 4\pi V f^3 / 3c^3$, where V is the volume of the chamber, f the frequency of sound and c is the wave velocity of sound which is 340 m/s at room temperature. When the frequency of the sound lowers down to that the wave length of sound is comparable with the dimension of the chamber, then the Lord Rayleigh's formula is not correct. When it is applied to problems in acoustics, as in the calculations of intensity distribution, growth and decay of sound energy in a room, etc. , the results are far from satisfactory. Mr. Bolt, by considering the density of representative points, obtained a very satisfactory result: $N_b = 4\pi V f^3 \left[\dfrac{2fV + cR^{\frac{1}{2}}}{2fV + \frac{1}{2}cR^{\frac{1}{2}}}\right]^3$ in which R is the sum of the squares of three areas of the room, $S_x^2 + S_y^2 + S_z^2$, and the other symbols have the same meaning as above.

Ma believes the natural rules should be concised and sensed that Bolt's formula was too complicated. Then he tried to treat this issue in a different way. Differing from the rationalists who like to talk only in mathematics, he always had a clear physical picture in his brain behind the specific acoustical issue he was facing. Transforming the solution of the normal sound pressure in a rectangular room into normal mode frequencies, he established a frequency space, then each normal mode become a point in this space, and the distance between two frequency points in three dimensions is , $c/2l_x$, $c/2l_y$, $c/2l_z$, respectively, where l_x, l_y, l_z is the length, width, height of the room respectively. In this way the issue of distribution of normal modes in a rectangular chamber can be turned into counting the number of frequency points in the room space. Hence he gave a simple and clear result: $N_m = \dfrac{4\pi V f^3}{3c^3} + \dfrac{\pi S f^2}{4c^2} + \dfrac{Lf}{8c}$, where L is the sum of length, width and height of the room, S is total surface area of the room, V is the volume of the room, f is the frequency of sound and c is the velocity of sound. He also derived the relation of normal mode number ΔN in a certain frequency band Δf: $\Delta N = \left[\dfrac{4\pi V f^2}{c^3} + \dfrac{\pi S f}{2c^2} + \dfrac{L}{2c}\right]\Delta f$ (Maa, 1939). Afterwards a famous acoustician P. M. Morse (1903～1985) proved that Ma's formula was not only suitable for rectangular chambers but also for any forms of rooms, hence it became a basic formula appeared in textbooks of acoustics.

Ma and Bolt, each of them wrote a paper about the distribution of normal modes in a chamber individually and they were published in the Journal of Acoustical Society of America in 1939 simultaneously. This work was finished just after he arrived at UCLA several months, showing amply his talent. He attended lectures of acoustics, statistical mechanics and quantum mechanics and complicated two papers in UCLA. He maintained that these satisfactory achievements must be mainly attributed to the preparation work guided by Prof. Zhu and Prof. Ren and the kindly scientific atmosphere in UCLA.

Giving full play to his ability again in Harvard

In June 1938 he transferred to Department of Physics, Harvard University, because his adviser in UCLA, Prof. Knudsen, had sabbatical leave to Europe. On the way going to Boston by "Greyhound", he visited the famous acoustic architecture of Mormon temple and experienced its

excellent acoustics.

Harvard is a well-known university, the Director of Department of Physics was F. Saunders (1887~1963), a famous physicist, the Director of Department of Telecommunication was C. Chafee, a specialist of electronic tubes. The two departments gave courses commonly. Ma's adviser was a young assistant professor F. V. Hunt (1905~1972), who was associate professor (1940~1946), Gordon McKay professor of applied physics (1946~1971) and became Rumford professor of physics in 1953, a specialist of electroacoustics.

Harvard has a rich history of acoustical science. The modern acoustics is generally thought to date from the end of 19th century or the early 20th century, when Wallace Clement Sabine (1868~1919), a professor of physics at Harvard University, had finished the work to establish the formula of reverberation time. He founded the modern room acoustics in treating the acoustic problem of Fogg lecture room and completed the acoustical design of Boston Symphony Hall which opened in 1900. Sabine was succeeded by Frederick Saunders from whom Hunt had received special training.

Hunt received two Bachelor degrees, one in arts the other in electrical engineering, at Ohio State University in 1925 then enrolled at Harvard University. He had submitted two doctoral dissertations by 1934, one to the Department of Physics and the other to the Engineering School. Both dissertations were accepted and each of the departments placed his name in the tentative list of degree recipients. However, this time he got only one PhD degree, the other (SD) was killed by the Harvard's rule: one man one degree, because he had already completed the oral defense of the thesis in Department of Physics. Hunt's physics dissertation was on "Frequency modulated signals in reverberation measurements". His object was to design and built an accurate apparatus for detailing sound-decay curves recorded in a room to reduce the systematic deviations in the decay curves. He determined the optimum range of the warble frequency and assigned the limits of uncertainty to decay rates regardless of the type of sound source used. During the World War II he established the Harvard Underwater Sound Laboratory and made great contributions to the

U. S. Navy and in June 1945 President of Harvard University James Bryant Conant conferred on F. V. Hunt an honorary Doctor of Science degree.

In the fall of 1936, Philip Morse published his book, "Vibration and Sound", in which chapter VIII, "Standing Waves of Sound", was to stimulate the research in acoustics for next decade. Professor Hunt immediately incorporated the new theory into his acoustics course, but this work is only theoretical and largely untested. Hunt and his research assistant, first graduate student, L. L. Beranek (1914~) were working on the sound decay in a rectangular room when Ma arrived at Harvard in 1939. They needed the data of distribution of normal modes in a room, so they asked Ma to join the work and embarked, with his research assistant L. L. Beranek and graduate student Dah-You Maa together, on a research program and delved into many facets of "new room acoustics": steady state transmission measurements, distribution of Eigantones (normal modes), analysis of sound decay in rectangular rooms and other topics.

In February 1939, Hunt and Beranek planed to measure the room acoustics in a rectangular concrete room with dimensions 6.1×4.3×2.4m which is seated in the Jefferson Physical Laboratory. They started with all walls bare then determined how the sound field changed when one of the walls was fully covered with sound absorbing materials. The mathematics of the sound field is complicated. In June 1939 Ma had come to Harvard and joined the investigative team immediately, then he helped in a major way to develop the theory and to assist in making computations of the number of aerial vibration modes in a room, following the same procedure he established last year in UCLA (Maa, 1939). Finally Hunt wrote a paper (Hunt et al., 1939) and put Beranek's and Maa's names with his name together.

Their paper, "Analysis of sound decay in rectangular rooms" (Hunt et al., 1939), was presented at the Tenth Anniversary Meeting of Acoustical Society of America, held in New York, May 19, 1939, set a mile stone in the development of room acoustics from statistical to physical.

The theory of room acoustics developed by P. M. Morse first and then by F. V. Hunt, L. L. Beranek and D. Y. Maa enable one to predict the

behavior of sound in a rectangular room with six uniformly covered walls. Maa extended the theory further to rooms with non-uniformly covered walls, which are most practical, in his doctor thesis. His paper, "Non-uniform acoustical boundaries in rectangular rooms", was presented at the 23th meeting of the Acoustical Society of America, Washington, D.C., April 29, 1940 (Maa, 1940). Then he earned his Ph D in physics and Beranek earned his S D in Engineering School in June 1940 from Harvard University. Therefore, he became one of the founders of the normal mode theory in room acoustics.

Saving the country by education

With his doctorate in hand he returned to China immediately at the end of June 1940, because China, his motherland, was suffering aggression of Japanese militarism and his mother and younger sisters had moved to Kunming to avoid the violence of Japanese. He took ship from San Francisco to Hong Kang then went to Kunming via Vietnam and arrived in there in August 1940. He was appointed to a associate professor of The National South-West Associated University then promoted to full professor in 1942. So he became the 27 years old youngest professor in the university at that time. He taught the courses including principle of electrical engineering, electronics and telecommunication networks while no courses of acoustics in any one Chinese university.

The payment of teachers was very low during that time, his salary was about 300 Yuan be equivalent to 8 silver dollars (the worth of one silver dollar is 0.72 tael of silver, 1tael=37.429grammns) per month, so they were living arduously. However, both teachers and students in the university had lofty aspirations for resistance against Japanese imperialist invaders and saved the nation from destruction and worked very hard. Ma is a good and demanding teacher; he set the pass mark of the courses of calculus and general physics at 70 points and it was difficult to get 90 points (full mark is 100 points) in the exam he was in charge of. Even so the students would still like to select the courses he taught.

Besides teaching, Ma had done research on acoustics and published four papers: "The flutter echoes" (Maa, 1941), "Fluctuation phenomena in room acoustics" (Maa, 1946), "A general reactance theorem for electrical, mechanical and acoustical systems" (Maa, 1943) and "Distribution of speech sounds in *Guoyu* (national language)" (马大猷, 1941). Later on under his guidance a large scale statistical study of *putonghua* (standard Chinese) had been carried out in the Institute of Electronics, Chinese Academy of Sciences with a corpus of 700 thousands words (about 1,000,000 Chinese characters) in 1960s.

After World War II, The National South-west Associated University was disbanded and the Peking University resumed. The famous scholar Hu Shi (Hu Shih) took up the president of Peking University, then a new college, College of Engineering, Peking University, was established in 1946 and Ma was elected as the dean of the college (formally appointed in June 1947). According to the mandate of Ministry of Education (issued at 16 July 1947), the Peiping Division of National Peiyang University was incorporated into College of Engineering, Peking University. Thereby the college expanded to include five Departments: Mechanics, Electrical Engineering, Civil Engineering, Architecture and Chemical Engineering.

As a dean, he believes that he should devote his efforts to set a curriculum and to enlist worthy professors. Therefore the College of Engineering, Peking University gathered a lot of great teachers and had a strong lineup: Rao Yutai, who is one of the founders of modern physics in China, taught general physics, Jiang Zehan and Wang Shouren taught calculus, Qian Weichang taught engineering mechanics, Meng Zhaoying taught radio engineering, Min Naida taught telecommunication networks, Hu Yun taught telephony and so on. And Ma gave courses of principle of electrical engineering, advanced electromagnetism, electronics and general physics.

He advocated that education in industrial colleges must put emphasis on teaching basic knowledge and connecting with practice, because engineers are different from technicians, it is not enough for them just understand some rules and programs to complete certain project; they should hold responsible to improving the design of the projects and to advancing the development of industry, in order to raise the working efficiency and increase production. So the length of semesters in the original school system for College of Engineering, Peking University was five years,

after founding of the new China it was changed into four years to meet the crying need of talent of economic construction.

In 1947, Ma was married to Miss Wang Ronghe who was a practitioner, they had been friends for years since they lived in Kunming. Miss Wang graduated from the Faculty of Medicine, Yunnan University. They have one son, a Ph D from University of Michigan, and a daughter who is a practitioner of traditional Chinese medicine, in a happy family.

Working in Peking University, he had had a very busy and happy time; he gave full play to his initiative and his ability and wisdom were sufficiently demonstrated. He enjoyed his work on both education and scientific research. Based on the resemblance of the wave motions, he extended the normal mode theory in room acoustics to wave guides (Maa, 1948a; 1948b). After the liberation of Peking in 1949 he was appointed as a standing member of the Committee of School Affairs, a dean of College of Engineering and concurrently director of the Department of Electrical Engineering, Peking University.

By the year of 1952 the College of Engineering, Peking University had approximately had two thousand graduates, they had made great contributions in various construction undertakings of China. Owing to the national adjustment of faculties and departments in universities, the College of Engineering, Peking University was disintegrated and Ma transferred to and was appointed as the dean of Harbin Institute of Technology in 1952. In that time, the Ministry of Education regulated that scientific research was separated from educational work. There was a big gap between this regulation and his idea. In addition, the special field of study in Harbin Institute of Technology, which was established in 1920 belonged to the Zhongdong railway (after 1945 named Zhongchang railway) and past to Chinese government in June 7, 1950, was mainly in mechanical and civil engineering that is not his strong points.

Marching towards the science

In 1955, the leaders granted his request going to do scientific research work, so he moved to the Institute of Applied Physics, Academia Sinica (now Institute of Physics, Chinese Academy of Sciences). Then he started out to organize the research work of acoustics in China. Soon afterwards Professor Ying Chongfu working on ultrasonics came back from Brown University in U.S.A. at the year-end 1955, and joined in the research group of acoustics. In the same year he was elected as a member of division of technical science, Chinese Academy of Sciences (now the academician).

At the beginning of 1956, the Chinese government issued a call of "Marching towards science" and then convened a national conference to formulate a 12-Year Program for the Development of Science and Technology. Ma attended the conference and had made aproposal titled "Views on the Development of Scientific Researches on Acoustics" (马大猷, 1956). In order to develop new technology in China, the conference maintained that "four great critical measures" establishing the Institute of Electronics, Institute of Computing Technology, Institute of Automation and the Laboratory of Semiconductor, should be taken, and they were approved by the State Council immediately. The division of acoustics was set in the Institute of Electronics. In the acoustical laboratories, there were three research groups: group of architecture acoustics, group of ultrasonics and group of underwater acoustics. In the meantime, the Chinese Academy of Sciences first enrolled the graduate students of doctor candidate by examination in nationwide and six people tanking majors of theoretical acoustics (Yang Xunren), physical acoustics (Li Peizi), electroacoustics (Zhang Jialu) and ultrasonics (Feng Shaosong, Zha Jixuan and Chen Xunhua) were admitted and entered the Institute of Electronics at the beginning of 1957. The Building No. 6 of Xiyuan Hotel was rented for the institute whose stuff members were less than one hundred people.

A set of specific laboratory, which was elected as the model of laboratory modernization of Chinese Academy of Sciences in 1960s, including anechoic[①] room, reverberation room, sound insulation rooms and an anechoic water pool was designed by Ma Dayou also. The new building of Institute of Electronics located in Zhongguancun, Beijing was

---

① The word anechoic was first coined by Dr. L. Beranek when he designed the free sound field laboratory to measure the military high power loudspeakers in 1943, finally collected in Webster's Third International Dictionary in 1962.

completed in 1958. Then the institute initiated a new developmental stage. The division of acoustics was divided into three independent laboratories: Underwater Laboratory (ordinal number: 7th Laboratory), Ultrasonics Laboratory (8th Laboratory) and General Acoustics Laboratory (9th Laboratory). In 1960s the acoustical laboratories were appraised as a model of laboratory modernization in the Chinese Academy of Sciences. In the year of 1980 a large semi-anechoic room, in which the sound power emitted by a car or a large transformer can be measured directly, was completed. All these had made a foundation of that the modern acoustics in China goes to the frontier of the world.

During the period of so called "great leap forward", in 1958 he leaded a group undertook the project of "speech typewriter" (now the automatic recognition of speech) and then he dispatched Zhang Jialu, one of his graduate students, to join the program of speech coding organized by the Division of Military Communications, thus a new branch, Speech Acoustics , was founded.

In 1959 the Great Hall of the People, Beijing, one of the ten great buildings in new China, was built to celebrate the tenth anniversary of the founding of the People's Republic of China. The total floor area of the whole building is more than that of the imperial palace, Ma was appointed to be in charge of the design of acoustics of the Hall with 10, 000 seats and a volume of 91, 000 m^3. That was a heavy task with great challenge. The ceiling of the Hall is 33 m high; the maximum width comes close 76 m and the mean free path as measured in a scaled model of the Hall is 23 m. All these figures indicate that the problem of echoes would be serious. In addition, the Hall takes roughly the shape of an oblate ellipse which is very unfavorable acoustically for the distribution of sound. The sound emitted from the stage tends to creep along the wall or to form focus on the back of the Hall. Moreover the volume to person ratio is 9.1 m^3/person, far from the optimum value of 5.8 m^3/person of a hall used for both speech and music.

At that time there was no acoustical designing personnel in China, so he organized a designing group in which people coming from Institute of Electronics, China Academy of Building Research, Beijing Institute of

Architectural Design, Tsinghua University, Tongji University, Bureau of Broadcasting Organization, South-West Institute of Architectural Design. They designed the acoustical material and treatments, studied the room acoustics and sought the criteria of acoustics other than the reverberation time, while the construction of the Great Hall was being carried on for the project was urgent. It took only ten months all together from first draft design to completion for use in celebration of the tenth anniversary of the foundation of new China. After the work a batch of specialists of room acoustics was growing up fitting to the new tasks in nationwide.

The size and shape, however, were all determined to suit the purpose and character of the Great Hall, so the acousticians could only work under the status quo. How to eliminate echo annoyances and provide uniform sound field were the problems to be solved. A distributed sound amplification system was chosen for speech and a connected stereophonic system was devised for music. These measures solved the problems of echoes and poor distribution in a very simple way. Besides, there was a simultaneous interpretation system in 12 languages for delegates from minority regions. Measurements and subjective evaluations show that the acoustics of the Great Hall is good. The reverberation time of the Hall with full audience is about 1.8 s at 1000 Hz, some musicians believe that it is too low for music (Maa, 1960).

In 1959, the Base of Acoustical Measurements was set up in the Laboratory of General Acoustics then developed into National Committee of Acoustic Standardization and Technology headed by Ma and more than one hundred national standards in acoustics were drawn up.

In 1961, he proposed a proposal of monitoring nuclear explosion in the atmosphere to the administrators of the Chinese Academy of Sciences and then an Infrasound Laboratory was established at the foot of Mount. Xiangshan in 1963. Afterwards several infrasonic monitoring stations scattered around the nation, which constitute a monitoring network, were completed in order to do infrasonic locating.

The Project 700[#], a long range (10 km) wired broadcasting system, was issued by the General Division of Politics, Chinese People's

Liberation Army and Ma became the leader of the working group consisted of Institute of Electronics (later Institute of Acoustics), The Third Institute of the Fourth Ministry of Mechanical Industry, Institute of Movie Technology, Bureau of Broadcasting Organization, and Shanghai Eleventh Factory of Radio Equipments. Therefore a large intensive sound source, pneumatic modulated loudspeaker with acoustic power of 2,000 W in audio frequency band, was designed (by Zhang Jialu and Zhang Kuoji) and produced (by Sun Xiangxian) in the Institute of Acoustics in 1969. This sound source can not only be used in long distance wired broadcasting but also be used as high intensity sound source in High Sound Intensity Laboratory. In 1980s the products of pneumatic modulated loudspeakers had been exported to the United Kingdom.

The year of 1964 is a milestone of the development of modern acoustics in China. The first National Conference on Acoustics was held in Beijing and the Professional Committee of Acoustics, Physical Society of China was established in April 1964, Ma was elected as the vice chairman of the Professional Committee of Acoustics. At the same time the Acta Acustica (Journal of Acoustics, quarterly publication afterward bimenthly) was published. Then the English edition of Chinese Journal of Acoustics was published in 1982, Ma was the editor in chief of the two journals. In the same year, 1964, the acoustical laboratories were separated from the Institute of Electronics and the Institute of Acoustics was founded, Ma was elected as the vice director.

At the end of 1965, he was in charge of the study of rocket noise for the Project 651 and headed a group consisted of three young scientists (Zhang Jialu, Mo Zhonglian and Zheng Minhua). They went to the rocket launching base (now it is called Jiuquan launching base) in Inner-Mongolia to measure and record the noise emitted from the rocket Dongfeng-5. At that time the first problem needed to be solved was the noise control in the vertical shaft of rocket launch. The acoustical materials commonly used can not be fitted the working condition with high temperature, high humidity and strong air flow, so he decided that it had to be designed some special sound absorption constructions of microperforated panels without any porous materials to solve the tough problems. The panels made of metal and the constructions with good absorbing properties are simple and versatile in application. Their performance depends mainly on the acoustical resistance and acoustical mass of the microperforated panels. The acoustical resistance is inversely proportional to the diameter of the hole and it may be raised tremendously by reducing the perforation to sub-millimeter size; the acoustical mass is related to the percentage of perforation of the panel. During the period of the "cultural revolution", he presented his substantial achievements to department concerned and published an article on "Theory and Design of Microperforated Panel Absorption Constructions" (马大猷，1975).

17 years later, in 1992, after the unification of west and east Germany, a new Congress Hall was built in Bonn, Germany; the Hall was surrounded by glass windows and people could watch the meeting held in it in order to give expression to transparent politics. However, due to the loud howl back caused by the intensive reflection of sound from the glass windows the first meeting could not have normally been going on. This serious acoustical problem was left to the Fraunhofer Institut Bauphysik. In that time a Chinese scientist Zha Xueqin happened to be there so she adapted Ma's theory to design the sound absorption constructions of microperforated-panel using organic glass and then the annoying problem was successfully solved. This event became noticeable news in Europe and the microperforated-panel absorption constructions had aroused concern in the international acoustic circles. On July 17, 1997 the Fraunhofer-Institut awarded Ma a gold medal and the Fraunhofer Institut Bauphysik awarded him the ALFA prize and offered 10,000 DM in Germany.

Ma was still going ahead in this field, he established the general theory and design of microperforated-panel absorbers and applied it to the theory of microslit absorbers (马大猷，1997); he also expanded them to working condition of high sound intensity (up to 170 dB) (马大猷，1996).

During the "cultural revolution" period, politics was overriding everything, nobody in the authorities gave orders to scientists as normal, Ma and his senior graduate student Li Peizi caught the chance to organize a four person group (Ma Dayou, Li Peizi, Dai Genhua and Wang Hongyu)

working on the aerodynamic noise in 1974. Based on a lot of experimental data they designed a micropore diffuser-muffler（马大猷等，1977），created the noise reduction theory of porous diffuser（马大猷等，1978；Maa, 1981）and established the general law of aerodynamic noise（马大猷，1987）. The law they established describes the pressure dependence of turbulent jet noise that is equivalent to the famous Lighthill's law (the power of turbulent jet noise is proportional to the 8th power of jet velocity), however, the pressure is easily measured in practical application. This work was awarded first class of National Science Prizes by Chinese Academy of Sciences in 1979 and third class of National Natural Science Prizes of China by The National Science Award Committee in 1982. He enjoyed the happy time when they could do free research work.

Making unceasing progress

Entering the 90s of last century he paid more attention to nonlinear acoustics, because the noise control had mainly become engineering issue and the finite amplitude and nonlinear acoustics are of a virgin land. In addition after the high sound intensity laboratory was completed, some new acoustical phenomena in experiments of high intensity sound were observed but not deeply be investigated, so he and his graduate student Liu Ke cleared away all difficulties and obstacles to progress into the field of nonlinear acoustics. The wave equation of nonlinear sound wave had been derived in nineteen century and gotten the solution of traveling wave but the satisfactory solution of standing wave have not been gotten yet, because of the complicated boundary conditions. As for the finite amplitude normal mode have not been investigated. They set up the experimental equipment of high sound intensity standing wave tube by themselves. Soon afterwards they discovered the saturation phenomena of nonlinear standing wave (Maa and Liu, 1995), further they got the finite amplitude normal mode function and proposed a new theory of nonlinear standing wave（马大猷和刘克，1996；马大猷，1998）. Their achievements focused the international colleague's attention upon.

In 2003 he was 88 years old, finished a monograph of "Theoretical Fundamentals of Modern Acoustics" in less than one year. He did not simply collect his research works, some of the previous works were newly treated in the book. Different from the rationalistic physicians, he always sets a clear physical background behind a mathematical model. Therefore his theory is easy to learn and to understand. He reexamined closely the 8th chapter in Morse's book "Vibration and Sound" and pointed out that there was no direct sound in Morse's formula of room acoustics. He maintained that the simplest measures should be taken to solve the most complicated problems. Besides the theoretical issues, he paid more attention to the practical applications in the book, because modern acoustics is mainly oriented to acoustic engineering.

The famous acoustician Professor Beranek in his congratulatory letter to the conference of "inter-noise2008", Shanghai, in which there was a special session for commemoration of Ma's 70 year academic activity in the field of acoustics , said that "At this wonderful celebration, I wish to add my highest respects toward most sincere congratulations to Professor Maa Dah-You. It was at Harvard that I came to appreciate the exceptional talent of Professor Maa and to predict that he would excel in the field of acoustics. We worked at the same times toward our doctorates and published a joint paper in 1939 along with our thesis advisor, Professor F. V. Hunt. We received our degrees together at Harvard in June 1940. "

Ma was very conscientious in his work of the editor in chief of Acta Acustica, which was appraised as one of the outstanding journals in Chinese Academy of Sciences, and Chinese Journal of Acoustics, even though he was always busy on scientific research work. There were about two hundred papers received per year by these two journals and about one hundred papers were accepted, he examined and approved every paper published carefully. He never pigeonholes the written contributions and never sets the mistakes in the papers free.

Look all about Ma's activities in the field of science and education, he published more than 200 papers and wrote more than 20 books. It is worth to notice that about two third of papers were completed after 60 years old. This is due to the special social environment and times background of China.

Social contributions

Ma is not a pedantic schoolmaster but a man with high sense of social duty and strongly being patriotic. He is a modern intellectual with courage of persisting in truth and vindicating justice. He joined in the "12.9" patriotic student movement when he was studying in Peking University in 1935; as an oversea student in America he engaged in "A bowl of rice movement" and solicited contributions in Boston, in order to support the War of Resistance against Japan (1937~1945) in China. In December 1945, "12.1" massacre done by the Guomindang Special Agents occurred in Kunming, four students were killed. The College of Engineering was threatened, in order to protect students in the college, Ma rose up against the Special Agents, they hit him and his glasses was broken.

In March 1962 the "Guangzhou meeting", a meeting related to policy for intellectual, was held in Guangzhou, Guangdong province. At the second day of the meeting when participants discussed the keynote of Nie Rongzhen, the leader of the authorities concerned science and technology, Ma first said that "In the report of Nie Rongzhen yesterday, he said 'Three no' (San bu), no putting a political hat (label), no punishing and no seizing somebody's shortcoming, in addition', but we are wearing a big hat—bourgeois intellectual now. If it was judged by for whom we service, we would not be bourgeois intellectual, today we are not serving the bourgeois but serve the people. In case of that there is thought or ideology of bourgeois in our heads hence we are bourgeois intellectual, however, thought or ideology is not material object and it can not be justified. Who can clearly explain the issue in theory." (龚育之, 1999) This issue evoked widely dispute and caught attention of the leaders of communist party. Finally Primer Zhou Enlai committed the vice Primer Chen Yi to declare that the intellectual (of China) is people's intellectual, taking off the label of bourgeois and giving a new title, Chen called it "Tuo mao jia mian" (taking off the hat and crowning a sovereign). This is a very important political event with historical significance in China.

During the period of 70s of last century, the Chinese government proposed "three environmental hazards (called "San hai" in Chinese)", the waste water, waste gas or steam and waste residue, to be controlled. In 1973, the First National Symposium on Environmental Protection was held, at the meeting Ma first advocated that the noise should be treated as one of the environmental hazards and appealed for attention on noise control from all society. He organized the environmental noise investigation in wide range and carried on the traffic noise measurements around Beijing. He edited several books related to environmental acoustics and noise control and especially directed to establish some national standards relating the environmental noise in urban districts, air port noise, rail way noise, industry noise and so on. The investigation and research work on "evaluation of the environmental noise in the Jing-Jin-Bo (Beijing-Tianjin-Bohai) area" awarded the first class award of scientific and technological progress by the Chinese Academy of Sciences. Eventually the "Law of Noise Prevention and Control" was past by the 8th Standing Committee of the National People's Congress.

After 90 years old he paid more attention to the state of scientific research work in China, published more than ten papers and especially wrote a letter to the Primer Wen Jiabao to appeal for attaching due importance to basic science, academic freedom and heightening the capability of initiative creativity. Primer Wen made a formal instruction on the submitted report of the "Abstract of letters" of the National Bureau Dealing with Letters and Calls, written as "Venerable Ma, despite his advanced age, he has still cared for the scientific and technological undertakings of our country, it is held in being grateful and admired. His point of view and analysis related to the basic science and initiative creativity have keen insight; suggestions he proposed are also pertinent. Basic science is the guide and source of the developments and applications. I agree with Ma's opinion of strengthening the research work of basic science."（国家信访局，2005）

Ma Dayou is a good scientist, an educator being held in great respect.

References

龚育之．1999．为知识分子"脱帽加冕"的广州会议．百年潮，(1)：5-13．
国家信访局．2005．来信摘要，(230)．
马大猷．1941．国语中的语音分配．国立北京大学研究院文科研究所油印

论文之十七.

马大猷. 1956. 关于发展声学研究工作的意见. 科学通报, 2 月号: 68-73.

马大猷. 1975. 微穿孔板吸声结构的理论和设计. 中国科学, 18 (1): 38-50.

马大猷. 1987. 空气动力噪声的普遍定律和它在噪声降低中的应用. 见: 第 16 届国际噪声控制工程会议 (inter-noise'87) 论文集 (卷 1): 21-34.

马大猷. 1996. 高声强下的微穿孔板. 声学学报, 21 (1): 8-14.

马大猷. 1997. 微穿孔板吸声体的准确理论和设计. 声学学报, 22 (5): 385-393.

马大猷. 1998. 非线性驻波的饱和函数. 声学学报, 23 (3): 193-196.

马大猷, 李沛滋, 戴根华, 等. 1977. 小孔喷注噪声和小孔消声器. 中国科学, 20 (5): 445-455.

马大猷, 李沛滋, 戴根华, 等. 1978. 多孔材料的出流和多孔扩散消声理论. 物理学报, 27 (6): 631-644.

马大猷, 刘克. 1996. 非线性驻波的饱和规律. 中国科学 (A 辑), 26 (4): 3366-3377.

Hunt F V, Beranek L L, Maa D Y. 1939. Analysis of sound decay in rectangular rooms. J Acoust Soc Am, 11 (1): 80-94.

Maa D Y. 1939. Distribution of eigentones in a rectangular chamber at low frequency range. J Acoust Soc Am, 10 (3): 235-238.

Maa D Y. 1940. Non-uniform acoustical boundaries in rectangular rooms. J Acoust Soc Am, 12 (1): 39-52.

Maa D Y. 1941. The flutter echoes. J Acoust Soc Am, 13 (2): 170-178.

Maa D Y. 1943. A general reactance theorem for electrical, mechanical and acoustical systems. Proc I R E, 31: 365-371.

Maa D Y. 1946. Fluctuation phenomena in room acoustics. J Acoust Soc Am, 18 (1): 134-139.

Maa D Y. 1948a. Free wave theory of wave guides. Semi-centennial papers on engineering. Peking University: 16-33.

Maa D Y. 1948b. Attenuation in a wave guide. Semi-centennial papers on engineering. Peking University: 34-42.

Maa D Y. 1960. Acoustical problem of the great hall of the people, Peking. Scienta Sinica, 9 (3): 360-377.

Maa D Y. 1981. Pressure dependence of jet noise and silencing of blow-offs. Noise Control Engineering, 17 (3): 104-112.

Maa D Y, Liu K. 1995. nonlinear standing waves: theory and experiments. J Acoust Soc Am, 98 (5): 2753-2763.

后 记

　　在本书编辑加工等待出版的时候，马大猷教授于 2012 年 7 月 17 日 8 时 40 分驾鹤西行，安然离去。历史选择了他作为我国第一位以声学为专业的清华留美公费生；他不负历史赋予的发展中国现代声学的重托，在哈佛大学留学期间就获得了房间声学简正波理论奠基人之一的荣誉；在制订"12 年科学技术发展远景规划"时，他提出了开展现代声学研究的计划书，并在"向科学进军"的征程中，逐步得以实现，为今日中国现代声学的辉煌成就打下了基础。他对历史作出了完满的回答，不愧为中国现代声学的奠基人。我本来想在他健在的时候，争取使本书出版，作为我最后的"作业"，给他过目，给他一点安慰。可是由于诸多影响没能实现，我深感遗憾。在他离开我们的时候，还感到有些话要说，以增加人们对这位声学界一代宗师的理解。

　　马先生在 2007 年 10 月突然发病以前，一直坚持每周一、周三、周五上午到所办公。除两份学报（《声学学报》中文版和英文版）终审定稿和解答学生们声学研究中的疑难问题之外，还参加各种学术活动。他还一直关心我国科学和教育事业的发展，撰写文章畅抒己见，并提出诸多很有价值的建议。直到 2006 年中国声学学会召开第六届会员代表大会及全国声学学术会议的时候，91 岁的他还精神矍铄地参加会议并发表讲话。他对声学事业的关心，始终是他坚持工作的动力。在生病住院以前，他一直活跃在声学研究的第一线。当然这与多年来马夫人王荣和教授的精心照料和随侍陪护分不开。所以，他去世后的新闻报道中说，（他）"因研究噪声听力受损'寂静'度过晚年"的说法是不够确切的。

　　在中国科学院电子学研究所筹建、开展声学研究伊始，1957 年建筑声学研究组就与北京市耳鼻喉科研究所合作开展护耳器研究，主要研究防护噪声用的舒适有效的耳塞和耳罩。只要在工作中做好防护工作，研究噪声问题的人是不一定导致听力受损的。所以从事噪声控制工作的朋友们，不必为马教授的事例而紧张。马先生听力受损，似乎有点儿捕蛇者被蛇咬伤的嘲弄。可是那时正是"一不怕苦，二不怕死"的年代，加之当时国内还不能大批生产舒适有效的护耳设备（既能降低噪声又不妨碍言语通信），许多使用风动工具的工人都是裸耳工作，听力严重受损。为了改变这种状况，他亲自参与噪声调查（本来这是在20世纪60年代初"文化大革命"前，通过他主办的全国噪声训练班就已经开始了的工作，因众所周知的"文化大革命"而终止了），又经过努力，在"三废"（废水、废气、废渣）之外，噪声也列入环境保护工作之中。为了补救受损的听力，他配制了助听器，还不断协助听力师改进助听效果，尽到了一位声学家的责任。

关于他的报道中还说："马大猷对学生非常严厉，六七年不能毕业是常有的事。"在这里，我有必要进一步加以说明。马先生对学生要求严格是出了名的。早在他在西南联大教电工原理的时候，就以70分为及格线，而要想拿到90分那是很难的。1956年党中央吹响了"向科学进军"的号角，中国科学院首次开始在全国招收副博士研究生。青年们深受鼓舞，争相加入改变中国面貌的"向科学进军"的队伍中来。马大猷教授也正在筹划发展现代声学。通过考试竞争，有100多人跨入了中国科学院的大门。于是马先生招收了三名不同专业（物理声学、理论声学、电声学）的研究生。我便是这三人中的一个，另两位师兄都是比我年长很多的物理学造诣很深的讲师。大师兄李沛滋则是就要升为副教授的八级讲师，二师兄则是清华大学物理系的高材生。

马先生对我们的要求是，研究生的课程考试要达到80分，论文一定要有创造性。他说，研究生与大学生不同，研究生毕业以后就要独立从事科学研究工作了，要求要更高。可是，1957年当我们入学不久，就开始了大规模的"反右"运动，紧接着1958年又是轰轰烈烈的"大跃进"，"大炼钢铁"、"超英赶美"接踵而来。军衔取消了，学位制也不复存在，研究生学习也就此中断。有些研究所索性就把研究生直接改为工作人员了。在电子学研究所，我们三个人被委任为三个研究组的组长，还在中国科学院科学技术学校兼课，但是研究生的帽子并未摘掉，工资还是被打八折。这也许跟马先生的主张有关系，在电子学研究所和声学研究所仍坚持研究生制度，因为他是中国科学院研究生委员会的委员。

1962年"广州会议"给知识分子"脱帽加冕"，研究生制度也得以恢复。会后中国科学院行动很快，各研究所都抓紧研究生工作。研究生毕业必须通过考试和提交论文。马先生要求很高很严，但具体做法很宽容。他说，我不管你在哪里学习和工作，只要考试合格交出论文就可以。那时候国家正处在经济困难时期，全国都在实行"劳逸结合"；再加上几年来我们和大家同甘共苦一起工作，大家对我们要抓紧毕业都很理解。这样我们

才可以离开办公室,在家里积极备考和撰写论文,效率高多了。可以说,这时才是我们真正做研究生的开始。我们终于都在1963年通过了考试和论文答辩,算是毕业了,得到了由郭沫若院长签署的毕业证书,可是应得的学位却无踪影。这就是我们花了六七年时间才研究生毕业的经历;这不是常态,后来的学弟们就幸运多了,没有花这么长的时间。这是时代留在我们身上的深深的印记,既不是导师马大猷教授的要求苛刻,也不是我们做学生的无能达不到要求。尽管那时候大家都食不果腹,可我们都仍然紧张工作没有"劳逸结合",只用了不到两年的时间,完成了研究生学习,答辩毕业。当然,我们前几年负责研究小组的工作,对我们各方面都帮助很大。

马先生对待疾病的态度是很通达的,在各种医疗条件下都能淡然处之。患病期间从未见他发过脾气或烦躁不安,总能谨遵医嘱配合护理,而不失大家风度。记得2007年10月,当他刚住进医院时,我去看他,还没说上几句有关他病情的话,他就又语重心长地讲他对自由研究的主张。这是他的切身体会,又是被科学发展实践不断证明了的积极有效的管理方法。他多次满意地回忆起在"文化大革命"后期,没有行政领导再来"关心"科学研究,他与几个志同道合的学生认真研究气流噪声问题,不但设计制造出了小孔喷注噪声消声器,而且建立了气流噪声与压力关系的普遍定律。他们不做"逍遥派",而是从一个科学家的责任感和执著探寻自然界客观规律的兴趣出发,在别人忙于打"派仗"的时候,取得了研究成果。后来这项工作还获得了中国科学院自然科学奖一等奖和国家自然科学奖三等奖。他认为这是科学研究的一种理想境界。

"你应当写一本书",这是他多年前对我提出来的要求。到了2010年上半年,拙著《汉语人机语音通信基础》出版,我到他家里送书复命,同时也是去看望他。这时,他因为脑血管疾病的发展,神志受到了影响,神经控制也出现了问题。为防止食物误入气管和肺部造成严重后果,采取了胃管进食的方式。我心中便有些忧虑和感伤。可是当我见到他,把书呈现给他的时候,他微笑着翻开来浏览,在扉页上看到请他教正的词语,不无遗憾地说:现在我可教正不了了!在他家的露台上,我们沐浴着柔和温暖的夕阳,谈了很久。当我问他,采用胃管进食完全失去了味觉能够接受吗?他毫不介意地说:"还可以。"我对他坚忍豁达、随遇而安的态度深感敬佩。这就是他在这种状态下,仍能坚持三年与疾病继续斗争的力量源泉吧。

这时,我正在为科学出版社即将出版的《20世纪中国知名科学家学术成就概览》撰写有关他的文章，正好有些问题要向他请教。像往常一样，每当谈到学术问题，他就会兴奋起来。当我问起关于留学公费到期，他给梅贻琦校长写信一事时，他清晰地回忆了这件事。他说，只延续了半年，后来就得到了哈佛大学的奖学金。为了他的健康，我不便久留和再次打扰，此后就只是拜年、探视而再没有促膝长谈了。

2012年7月21日，在八宝山陵园东厅向他遗体告别，当我面对他的遗容鞠躬告别的时候，过去的件件往事涌上心头，昔日的音容笑貌浮现眼前，不由自主地热泪盈眶。走出悼念大厅，看到还有年轻人——未来的声学家——排着长队等待告别，心中顿感欣慰。马大猷教授的成就令人敬仰，马大猷教授的事业后继有人。

张家骅
2012年7月22日